행정이 인문을 만나다.

이승재 지음

머리말

칸막이를 없애는 교육정책의 물결이 거세다. 대학이 학과와 학부의 벽을 없애는 무전공 입학을 추진하는 것은 현대사회가 필요로 하는 융합인재를 양성하려는 것이다. 무전공 입학 정책은 공급자 위주의 교육을 수요자 중심으로 전환하는 계기가 될 것이다. 다양한 교육 서비스 수요에 맞춰 학교와 교원 간의 경쟁으로 효율성이 향상되고, 학생은 학습 선택 자유권을 더 넓게 보장받게 된다. 반면에 실용적인 분과 학문으로 편중되어 '무용성의 유용성'을 무시할 우려가 있다. 유용성이 없다고 한다면 선택받지 못하고 도태되어 학문 다양성이 위협받게 될 수도 있다. 학제 간 연구가 중요하고 필요하므로 학문의 존속을 시대의 유행에 내버려 두어서는 아니 된다.

분과 학문의 연계와 그 생태 다양성을 조성하는 데 이야기와 서사의 방식이 큰 시사를 줄 것이다. 이야기(story-telling)는 고대부터 지금까지 인간 삶과 함께 이어 내려오고 있다. 고대 신화와 서사는 여전히 인간의 상상과 놀이에 숨 쉬고 있다. 한편, 행정은 인간의 삶(인문)과 사회를 배경(무대)으로 한다. 인문학의 위기라고 하지만, 이야기 없이는 게임과 인공지능도 진화하기 어렵다. 인간과 기계가 공존하는 시대에 인본주의의 필요성과 당위성은 강조되어야 한다. 강의실에서 쫓겨난 글과 문자(text)를 재미있는 이야기로 쉽게 제공하려는 것이 저자가 지향하는 것이다.

행정은 사회와 분리되어 그 문제를 해결할 수 없다. 행정과 인문의 만남으로 새로운 인간 사회의 청사진을 준비해야 할 때다. 제한된 합리성을 가진 인간은 진실에 도달하는 데 한계가 있게 된다. 인간은 말과 글의 의미를 서로 완전하게 전달하기 어렵다. 타인의 상황을 체험해 보지 못하면 감정이입(empathy)이 쉽지 않기 때문이다. 인간과 자연의 관계에서도 인간 주체가 객체인 자연을 유용성 관점에서 활용한 결과로, 환경오염과 지구의 재난을 초래하였다. 인간과 사회, 그리고 자연이 공존하려면 칸막이와 경계로 구분된 주체와 객체를 허물어야 한다. 마찬가지로 행정도 융합하여야 한다. 인문학 이야기를 행정이론으로 풀어야 한다.

융합은 포스트모더니즘(post-modernism) 사조와도 밀접하게 관련이 있다. 무전공 입학 전형이 전공의 벽을 허물 듯이, 이 책은 행정과 인문학의 융합으로 행정학의 칸막이를 낮춰 보려는 시도이다. 인문학적 상상력을 키워 독자의 성장에 도움이 되길 바란다.

이 책은 총 3편으로 구성하였다. 제1편은 행정학을 처음 공부하는 사람에게 행정이론을 소개하여 스스로 생각하게 하는 힘을 주려는 것이다. 제2편은 행정과 인문의 관점을 융합하여 삶과 사회를 설명한다. 제3편은 행정학의 주요 핵심어(key-word)를 소개한다.

강의를 수강하는 학생이 현대 행정을 이해하기 쉽도록 이론의 내용과 맥락을 간결하게 전달하고자 하였다. 꼭 알고 응용하면 좋을 지식 틀은 다양한 예시와 상황에 적용하여 설명하였다. 이 책의 특징은 다음과 같다. 첫째, 행정이론을 이야기 형식으로 설명하기 위하여 구어체를 활용하였다. 둘째, 스스로 지적인 호기심을 촉발하기 위하여 최대한 원저자의 논문을 소개하려고 하였다. 셋째, 행정에 관심이 있는 일반인도 교양 수준으로 읽도록 작성하였다.

행정학을 처음 공부하는 학생이 기본 개념을 쉽게 이해하고, 그 개념으로 사회에 적용하는 재미로 성장하는 계기가 되길 기대한다. 존중하는 학생과 연구의 기회를 제공해 주신 신한대학교와 꾸준히 응원을 아끼지 않은 연희, 나경, 찬명에게 감사의 마음을 전한다.

도봉산을 바라보는 연구실에서 저자 씀.

일러두기

독자는 글에 빠지지 않도록 조심해야 한다. 글을 구조화하고, 독자의 틀로 시각화(visualization)하여 두자. 예를 들면, 본문에 "재무행정은 재정을 다루는 행정학의 분야이다. 재정은 국가재정과 지방재정으로 구분하고 국가재정법과 지방재정법이 각각 규율하고 있다. 재정은 예산과 기금으로 구성되며, 예산은 일반회계와 특별회계를 포함한다. 예산과 기금은 각각 수입과 지출의 구조로 이해된다."라는 문장을 읽을 때면, 아래와 같은 주요 핵심 단어들의 계층 관계를 표상(representation)으로 그려 볼 것을 권한다.

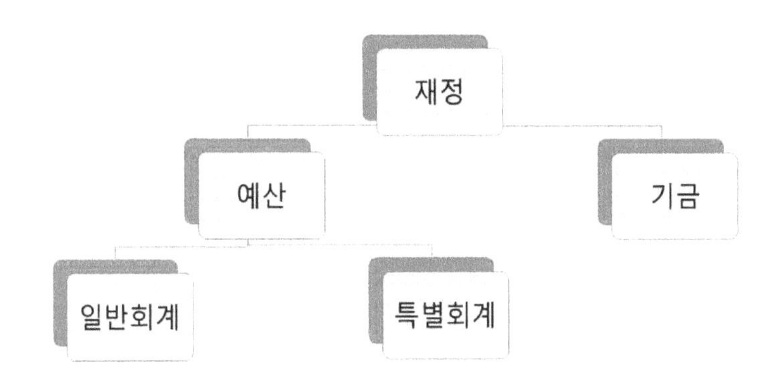

차 례

제1편 행정이론

인간과 사회

인간은 사회적 동물이다. 인간 사회의 본질은 복잡·다양하게 변한다는 것이다. 사회에 속한 개인은 그 지위와 역할을 복합적인 차원으로 수행한다. 개체로서의 '나'를 특정한 하나로 정의하기 어렵다. 개인은 사회화(socialization)를 거쳐 사회가 요구(기대)하는 역할을 행하게 된다.

사회학자들은 사회는 개인의 속성값을 더한 것 이상의 전체성을 가진다고 보았다[1]. 즉 사회의 관습과 문화 및 규범들이 개인의 인식과 행동을 제약하거나 방향 짓는 변인으로 보고 그것을 연구 대상으로 한다. 반면 경제적 합리성을 중시하는 경제학자는 개인의 합과 사회를 동등하게 보는'방법론적 개체주의'를 따른다.

사회과학의 한 분과인 행정학은 학제 간 연구를 중시한다. 행정 현상은 정치학, 경제학, 사회학, 심리학, 경영학 등이 융합되어 개체성과 전체성을 동시에 가진다. 학문이 성립되려면 연구 대상과 방법이 있어야 한다. 윌슨 행정학의 정치행정이원론 또는 행정경영일원론이 행정을 정치의 영역에서 분리하면서 행정의 정체성(identity)을 찾고자 하였다. 최근의 행정연구는 공익과 주민의 참여를 연구 대상으로 하는 신공공서비스론(NPS)이 등장하고 있다. 즉 시대의 관심과 요구에 따라 행정연구의 대상이 변하고 있다.

한편, 연구 방법은 자연과학의 실험실 연구와 유사하게 엄격한 사회과학적 연구 방법과 절차를 따라야 한다. 과학이 추구하는 진리에 도달하기 위하여 그 측정의 객관성이 중요하게 다루어진다. 연구자가 다르더라도 측정한 결과치는 같아야(identical) 한다.

관찰하고자 하는 현상을 측정 또는 계량하는 도구로 척도(scale)를 사용한다. 척도는 명목(nominal)척도, 서열(ordinal)척도, 등간(interval)척도, 비율(ratio)척도 등이 있다. 사회과학 연구에서 주로 설문지를 활용하여 조사 대상을 측정하게 되는데, 명목척도와 서열척도를 주로 활용한다. 성별(남성1, 여성2) 등 조사 대상의 범주나 속성을 구분하기 위한 척도를 명목척도라고 한다. 조사 대상의 크기를 측정하여 대상의 서열(순서)을 측정하는 척도를 서열척도라고 한다. 현상을 척도로 측정한 값은

---

1) 뒤르껨은 '사회적 사실'로 사회를 정의하고 있는데, 간단하게 표현하면 $S=\Sigma Di$, where, S(=사회), D(=개인), i(=개체). 사회학은 집합적인 규칙이나 제도를 중요시하는 반면, 경제학은 집단적·단체의 결정을 개인에게 강제하면 자원의 낭비를 초래하므로, 개인의 자유로운 선택으로 자원배분의 효율성에 도달할 수 있다고 본다.

조건과 상황에 따라 변하게 되는데, 이를 변수의 값이라고 한다. 변수란 변화하는 숫자라는 뜻으로, 현상의 원인에 해당하는 변수를 원인변수 또는 독립변수라고 하고, 그 변수에 영향을 받는 변수를 결과변수 또는 종속변수라고 부른다. 또한 현상에 이름을 붙인 것을 개념이라고 한다.

추상화된 개념과 개념의 관계 또는 원인변수와 결과변수와의 잠정적인 관계를 문장으로 표현한 것을 가설이라고 한다. 가설이 검증[2]을 통과하여 일반적으로 받아들여지게 되면 이론이 된다. 즉 개별적이고 구체적인 현상들의 공통된 속성을 발견(검증)하고, 이러한 과정의 결과로 일반화·추상화된 이론을 정립하게 된다. 역으로, 일반적이고 추상적인 이론에서 출발하여 다양한 개별 사례들을 설명(explanation)[3]하게 되고(구체화) 이로써 복잡한 행정 현상을 쉽게 이해·설명할 수 있게 된다.

이론은 시간과 공간(지역)을 초월하여 인과관계를 설명하는 힘이 있다. 일반이론과 달리 시대와 지역에 따라 설명력이 제한되는, 통상 국가 수준에서 설명력을 가지는 이론을 '중범위이론'이라고 일컫는다[4]. 무대가 변하면 대본의 의미가 다르게 해석되듯이, 과학의 패러다임이 변하면 연구자가 세상을 인식하는 틀과 프레임[5]도 달라진

2) 가설을 검증하기 위하여 귀무가설과 대립가설을 설정하게 된다. 귀무가설은 Ho=0로, 대립가설은 Ho≠0로 각각 설정한다(양측 검증인 경우). 귀무가설이 영으로 두고 통계분석을 하게 되는데, 이 의미는 샘플을 분석한 잠정적인 결과치가 현실설명력을 가지는 통계적 의미를 가지려면 귀무가설이 기각되어(영이 아니라는 의미)야 한다는 것이다. 즉 귀무가설이 기각되지 않고 채택된다면(영이라는 의미), 통계적으로 얻어진 계수 값(어떤 상수 값)이 통계적으로 유의미하지 않다는 것이다. 왜냐하면 귀무가설로 그 계수 값을 영으로 설정했는데, 그 가설이 채택되었다는 뜻은 계수 값이 영이라는 것으로 알파 값에 붙은 변수의 영향력이 영(제로)이라는 뜻으로 아무런 영향력을 미치지 못한다는 것이기 때문이다. 따라서 통계분석자는 귀무가설을 기각하는 데 관심을 둔다. 귀무가설을 기각하기 위하여 알파 값이 0.05(또는 0.1)보다 적다는 것을 보여주고, 통계로 구한 알파 값이 그보다 적어 기각역에 들게 되어 귀무가설을 기각하면, 통계적으로 구한 변수의 값이 통계적으로 유의미하다는 결론(대립가설은 영이 아니다 즉 통계적으로 구한 어떤 상수 값이 의미를 가진다)에 도달하게 되는 것이다. 이 과정에서 통계학자는 주로 정규분포를 활용하게 되는데, 정규분포표에서 각각의 알파 값을 공시해 주고 있어 편리하게 활용할 수 있기 때문이다.

3) 현상을 묘사하는 것을 기술(description)이라 하고, 현상을 원인과 결과(인과관계)로 기술하는 것을 설명(explanation)이라고 한다.

4) 가설설정-검증-이론-법칙 순으로 추상화의 수준이 높아지는 것이다. 반대로 법원의 판사가 법을 적용하는 과정을 보면, 추상적인 법문을 해석하여 구체적인 사건(사실)을 적용하고 있다. 즉 법률 조문은 '--하면, --한다.'는 가언적인 명제를 추상적으로 선언하고 있다. 판사는 개별적이고 구체적인 사안을 추상적인 법 규정에 포섭함으로써 형량을 도출하게 된다. 판사와 달리 입법자는 개별적이고 구체적인 사실들을 포괄하여 추상화된 일반적인 법 규정을 마련한다. 결국 중범위이론이란 구체성과 추상성의 중간 차원에 위치하는 것이다.

다. 즉 시대의 상황 변화에 맞춰 행정이론도 다르게 발전해 왔다.

우드로 윌슨(Wilson)을 행정학의 아버지라고 한다. 그는 미국의 엽관주의(전리품 행정, spoils system) 폐해를 극복하고자 정치와 행정을 구분하고, 행정은 경영(관리)과 유사하다는 정치행정이원론을 주장하였다. 이후의 학자들은 시대와 상황의 변화에 맞춰 정치행정일원론과 이원론을 각각 주장하게 되는데, 괘종시계 추가 좌·우로 이동하는 것과 유사하게 행정이론이 변화하게 된다.

현대사회가 전문화되는 추세에 상응하여 철학, 의학, 신학, 법학 등 전통 학문도 세분화가 진행되어 다양한 분과 학문이 탄생하게 되었다. 국부론을 저술한 경제학의 아버지 아담 스미스(Smith)도, 사회적 사실로 사회학을 개척한 뒤르껨(Durkheim)도 철학자라는 사실이 이를 말해주고 있다. 사회과학의 어머니는 철학이라고 해도 틀린 말이 아니다.

사회과학의 분과 학문은 철학과 만나는 지점이 있으므로, 과학을 전공하는 학생은 철학에도 관심을 가져야 한다. 철학의 현상학과 해석학이 현대 행정학을 설명하는 도구로 활용되고 있다는 것이다. 행정학은 상대적으로 늦은 19세기 말에 정치학의 분과로 탄생하였다[6].

미국과 유럽에서 탄생한 행정학의 기원을 역사적인 맥락을 중심으로 살펴보기로 하자. 고대 철학자는 이성의 사유를 통해 세계와 우주를 정의하기 시작했다. 플라톤의 이데아와 동굴의 비유에서 보듯이 인간은 진실과 현상(허구)을 구분하는 이분법(dichotomy)적인 세계관에 친숙하다는 것을 알 수 있다. 주관주의와 객관주의, 참과 거짓, 양적 분석과 질적 분석, 보수와 진보 등 양극단[7]을 설정하고 현상을 설명하는 것이 편리하고 효율적이기 때문일 것이다[8]. 고대와 달리 중세는 신의 뜻을

5) 프레임이란 인식의 틀로 안경에 해당한다. 노란색 안경을 쓰고 세상을 보면 노랗게 물들어 보이게 된다. 프레임은 고정관념(stereotype)으로 작용하여 효율적인 인식과 판단에 도움을 주기도 하지만, 현상을 오해하거나 잘못 이해하는 부작용을 가져오기도 한다.

6) 행정을 협동행위로 정의한다면(H. A. Simon), 오래전부터 행정 현상은 존재해 왔다고 할 것이다. 무거운 고인돌을 옮기는 과정에서 사람들의 행위를 동시화(synchronization)하여 하나로 힘을 모으는 협동행위를 지휘, 조정, 통제하는 권력이 작용하였다.

기준으로 인간의 삶이 영위되었다면, 16세기 종교개혁(Reformation)과 르네상스(Renaissance) 이후 개인의 이성을 재발견하게 되었다. 다시 새롭게라는 뜻의 접두어 'Re'로서 새로운 사상의 체계를 구축하고, 과학적 체계를 정비하기 시작했다. 니체가 '신은 죽었다'고 선언하면서 중세의 신 중심관은 근대의 인본주의관점으로 전환되었다. 인간이 주인이 되어 이성과 과학을 도구로 자연을 대상으로 인식하는 합리성의 개념이 등장하였다. 유럽 행정학의 시작을 알린 막스 베버는 합리성이 증가한 결과 이념형(ideal-type)으로서 관료제가 등장하게 되었다고 한다. 유럽에서 행정은 -근대 후반기- 계몽 군주의 필요에 따라 그 모습을 드러내었다. 유럽의 행정학은 독일(프로이센)의 관방학(cameralistics)에서 시작된 것으로 본다. 관방학의 '관'은 정부(government)를 뜻하며, '방'은 사무실(office)을 뜻하므로 현대의 '정부학'과 유사한 개념이다. 영국과 프랑스 등 당시 선진국은 절대군주 국가(통일민족국가, nation state)로 통일되어 중상주의 등 국가 발전전략을 추진하던 반면에, 독일은 지역별로 분할되어 낙후된 수준에 머물고 있었다. 16세기 독일은 지방분권 체제에서 관방 재정이 생겨났고, 1727년[9] 빌헬름 1세(Friedrich Wilhelm 1)때 할레 대학과 프랑크푸르트 대학의 학위 과정에 관방학(재정과세학, 통계학, 행정) 강의가 개설되었다. 관방학은 군주의 행정 기술을 제공하려는 것이다.

질문(생각하기)

독일에서 관방학이 태동하고, 발전하게 된 원동력은 무엇인지 토론해 보자.

16세기에서 18세기는 프랑스, 영국은 절대왕정으로 국력을 강화해나가던 시기였다. 절대왕정의 대표적 모델인 프랑스의 루이 14세(17세기-18세기) 때 건설한 베르사이유 궁전의 화려함을 살펴보자. 절대군주는 귀족의 기득권을 견제하기 위하여 신진 관료의 등장을 지원하면서 왕권을 강화하게 된다. 절대왕정과 손잡은 신흥자본가 계급은 국가재정을 확보하는 데 기여하였고, 이로써 관료의 급여를 지불하는 등 행정권 탄생의 초석이 되었다. 한편 행정이 상대적으로 덜 발달한 독일에서 발달하게 된 것은 후진국으로서의 독일이 국가발전을 더 체계적으로 추진할 필요성이 컸었기 때문이다.

---

7) 현실 정치 세계에서 거대 양당의 이념이 극단적으로 치닫고 정당정치가 대립과 갈등을

절대군주 시대에 행정은 자본주의가 발달하면서 전문화되고 기술적인 영역으로 발전하게 된다. 자본주의를 배경으로 등장한 자본가 계급은 국가재정의 조세를 부담한 결과, 관료조직을 경제적으로 뒷받침하게 되었다. 관료조직은 근대 민족국가의 발전과제를 효율적으로 달성하는 역할을 하였다[10].

조장하고 있다는 지적이 있다. 일찍이 몽테스키외는 인간 삶에서 마주치게 되는 다양한 상황에서 균형과 조화를 이루어야 행복하다고 보았다. 공자도 중용지도를 통해 너무 과하지도 모자라지도 않는 중용의 덕을 통해 균형과 조화를 중요시하였다. 뷰캐넌의 비용곡선도 결정 비용과 외부 비용(만장일치제는 외부비용이 영)을 합한 사회적 비용의 중간 영역이 비용이 가장 낮아 효율적이라고 한다. 코즈의 정리(Coase theorem)와 호텔링(Herold Hotelling) 이론(양당 체제하에서의 각 정당의 정강이 서로 닮아간다는 원리)도 소비자에게 선택을 많이 받을 수 있는 중간 지대의 정책을 생산하고 제공해야 한다는 점을 시사하고 있다. 통계학에서 평균이나 중간극한정리(central limit theorem, 독립된 확률 변수들의 평균 분포가 정규분포에 수렴한다는 것)도 사물의 현상은 중간 지대의 값으로 그 속성을 파악하려는 것이다. 이처럼 중간과 조화 또는 균형을 실천하려고 하는 개인의 노력과 달리, 정당의 정치적 행태는 그 지지 세력을 공고하게 유지하고자 선명성과 극단성을 추구하는 경향이 나타나고 있다는데 주의해야 한다.

8) 이분법적인 세계관은 인간 인식의 한계와 상관성이 높은 것인지도 모른다. 극단에 자리잡아 선명하게 부각 되어야 인지하기가 쉽기 때문이다. 시간과 공간이 제약되는 상황에서 양극단의 사고가 더 팽배해지는 경향이 있다. TV나 영화 그리고 소설책에서도 절정으로 이끄는 이야기의 갈등과 전개를 대조와 대비의 방식을 활용하고 있다. 과도한 편집으로 일상의 모습과는 전혀 달라 보이고 해석되기 쉽다.

9) 1701년부터 1918년 11월까지 프로이센 왕국이 독일제국의 중심적 역할을 한 국가다. 초대 국왕은 프리드리히 1세(1713년 서거)이다. 이후 즉위한 프리드리히 빌헬름 1세는 군사력을 강화하여 군국주의 및 관료주의 국가로, 이어서 프리드리히 2세(프리드리히 대왕)는 프로이센을 유럽의 군사대국으로 성장시켜 영토를 확장해 나가면서, 프랑스의 사상가 볼테르와 친교를 맺으며 계몽사상의 영향을 받아 근대적인 법전을 편찬하기도 했다. 프리드리히 3세에 잠시 프랑스의 지배를 받기도 했다.

10) 프랑스는 1789년 시민대혁명을 경험하였으나, 영국은 장미전쟁으로 왕권이 약하게 된 상태에서 평화롭게 의회가 권력을 쟁취하였으니 이를 명예혁명(17세기)이라고 한다. 막스 베버는 당시 유럽보다 앞선 중국에서 자본주의가 발달하지 못한 원인을 분석하였다. 유럽은 자본을 축적한 자본가 계급이 그 자본을 연계로 군주와 연합하여 자본주의가 발전할 수 있었다고 한다. 군주의 재정을 자본가가 지원해주는 보답으로 군주는 노동자 계급을 억압하여 자본가의 자본 축적을 도왔다는 것이다. 현대사회에서 상속세를 어떻게 할 것인가의 논의와도 같은 맥락으로 이해된다.

미국행정학

사회과학으로서의 행정학은 미국에서 탄생하였다. 미국은 영국 청교도의 이주와 아프리카 이주민으로 탄생한 국가이다[11]. 초기 미국의 정치 지도자는 지주와 자본가 계급 출신들이다. 이후 노예제도가 철폐되고 선거권이 확대되면서, 국민의 의사를 정치적으로 결집할 정당제도가 도입되었다.

정치지도자를 선출하는 것을 목적으로 하는 정당은 그 지지자를 공직에 충원하였는데 이를 엽관주의(전리품, spoils system)라고 한다. 대표적으로 미국의 잭슨 대통령(1829년 선출)은 그 지지자들에게 관직을 주었다. 이러한 엽관주의는 정권의 교체에 따른 잦은 정책 변경으로 행정의 전문성과 안정성이 위협받게 되고, 자원이 낭비되어 그 부담은 고스란히 국민에게 전가되었다. 공무원이 정치인의 선심성 정책에 줄서고 정당의 관료제에 침투하여 부정부패의 원인이 되었다.

우드로 윌슨(Woodrow Wilson)[12]은 그의 행정 연구(The Study of Administration, 1887) 논문에서 행정의 독자성과 효율성을 제고하기 위하여 정치[13]와 행정(정책 목표(가치) 달성을 위한 효율적인 집행)을 분리하려고 하였다. 제목을 public administration으로 하지 않고 administration(관리)으로 정한 것은 행정을 공공성(public)보다 관리(management), 즉 경영과 유사하게 보고 행정연구를 정치학의 분과에서 독립시키려는 의도가 반영된 것이다[14]. 그는 전제군주에게 봉사하는 독일과 프랑스의 행정(관방학)연구는 –군주가 존재하지 않는- 미국의 헌법과는 어울리지 않는다고 보았다. 유럽의 행정을 비교의 방법으로 연구하되, 군주를 위한 통치 수단으로 행정이 활용되는 것은 배제하고, 가치중립적인 행정 기법만을 공

---

11) 1558년 영국의 엘리자베스 여왕이 성공회(구교, 가톨릭)를 국교로 정하면서 검소와 금욕을 추구하는 캘빈주의(개신교)의 청교도들이 억압을 받는 시대적 상황 및 영국의 세금 정책을 배경으로 한다.

12) 우드로 윌슨은 제28대 미국 대통령으로 취임(1913년)하였으며, 대한민국 3.1운동에 영향을 준 '민족자결주의'를 주장하였다. 대통령이 되기 전 정치학과 교수로 활동하면서 행정연구논문을 발표하였다. 1902년 프린스턴 대학교 총장이 되었다.

13) 이스턴(David Easton)은 정치를 가치의 권위적 배분(authoritative allocation of values for the society)이라고 정의한다.

14) 행정의 독립성을 강력히 주장한 윌슨은 '국가란 행정의 양심이다(The idea of the State is the conscience of administration)'라고 주장하였다. 즉 정치영역에서 결정된 국가 정책 목표를 경영학적인 방식인 비용편익분석(cost-benefit analysis)으로 능률적인 행정을 구현하려는 것이다.

무원에게 교육할 것을 권고하였다.

윌슨은 민주당 소속 정치인으로서 진보주의 운동을 펼치게 되는데, 그의 활동은 상원 공무원 제도 개혁위원회 위원장인 펜들턴(G. H. Pendleton)의 펜들턴 법(실적주의 공무원법, 1883)[15]에 영향을 주기도 하였다.

유럽의 행정연구와 미국 윌슨의 행정 연구의 차이점을 토론해 보자. 착안 사항은 독일(프로이센)과 프랑스의 행정연구는 절대군주에 봉사하는데 주안점을 두었으나, 미국의 대통령제는 -군주정을 경험하지 못하고- 대중의 정치적 참여와 투표로 대통령을 선출한다는 차이가 있다. 즉 미국은 대통령을 효율적으로 뒷받침하는 실용적인 기술(art)로서의 행정에 관심을 두고 있다.

19세기 말 윌슨의 논문이 발표된 이후, 막스 베버는 '프로테스탄티즘과 자본주의 정신(1905)'과 마리아 베버에 의한 '경제와 사회(1922)'에서 관료제를 소개하고 있다. 베버는 청교도의 금욕적 경제윤리와 구원에의 욕구, 즉 인간의 정신-마르크스의 하부구조로서의 물질과 경제와 대비되는-이 자본주의 출현의 원인으로 분석하고 있다. 특히 '경제와 사회'에서 관료제를 지배의 도구로 구조적, 기능적 특징을 다루고 있다.

베버의 관료제에 대하여 행정학은 대규모 조직의 등장에 따른 효율적 관리의 긍정적인 측면을 강조하고, 사회학에서는 인간 생활의 자유와 자율성을 억압하고 통제하는 기제로서 부정적인 모습에 주목한다. 관료제는 비정의성(비인격성, impersonalism)[16]을 핵심으로 하고, 관료제 내의 관료는 문서주의와 형식주의에 따라 업무를 공정하고 평등하게 다룰 것으로 예정된다.

관료제 내에서 관료는 목표를 달성하기 위한 수단인 규칙(standard of procedure :

15) 펜들턴법은 엽관주의에 대비되는 실적주의를 도입한 것이라는데 주의해야 한다. 주관적인 정치적 충성심의 잣대를 버리고 공개경쟁 채용시험을 통한 객관적인 점수에 따라 공직에 임명하려는 것이다. 불완전한 인간이 100% 완벽한 제도를 만들기란 불가능하다. 제도를 엄격하게 규정하는 것도 중요한 과제이지만, 그 제도를 시대의 변화 등에 따라 지혜롭게 운용하는 것 또한 제도의 성공을 위해 꼭 필요한 요소다. 객관적인 시험제도로는 현대사회의 다양하고 전문화된 행정문제를 해결하는데 한계에 직면하게 된다. 개방형 인사 제도의 도입은 공채제도를 보완하는 기능을 하고 있다.

16) 베버의 관료제에서 비정의성은 가장 중요한 핵심 개념이다. 관료제의 업무 처리는 문서주의 및 형식주의에 따를 것이며, 인간의 사사로운 정에 좌우되어서는 아니 된다고 하였다. 즉 베버는 관료제의 비정의성이 인간을 평등하게 대우하게 되어, 민주주의 원리를 구현하는 데 기여한다고 보았다.

SOP)에 집착하는 형식주의(formalism)에 빠져- 내용적 합리성을 배제하고- 형식적 합리성[17]을 추구하게 되어 목표-수단이 전치되는(displacement of goal and alternatives) 관료제의 병폐를 수반하기도 한다. 이처럼 관료는 내용적 합리성을 경시하면서 전문적·기술적 규칙에만 충실하게 따르게 되어 궁극적으로는 복지부동(보신주의)과 책임을 회피하는 성향을 띠게 되기도 한다. 국가가 독재와 전쟁에 휘말리게 되는 역사적 현상(나치즘)이 관료의 기계적인 행태가 정치의 영역에 침투한 결과라고도 한다[18].

20세기 초에 포디즘은 대량생산과 대량소비 사회를 가능하게 한 컨베이어 벨트 시스템으로 생산을 표준화, 기계화하였다. 대량생산과 소비는 에너지와 자원의 고갈과 대량의 폐기물 증가로 환경위기를 초래하기도 하였다. 행정학은 조직의 능률성과 생산성을 향상하려는 실용적인 학문 분과다. 테일러(Frederick W. Taylor)는 조직 내 인간의 동작연구를 통하여 조직의 생산성을 높이려 한 과학적 관리법을 주장하였다. 인간의 활동을 세부 단위로 나누고, 그 활동을 반복하여 숙달하면 활동의 산출물을 늘릴 수 있다고 보았다. 벌목공의 작업을 분석하여 도끼질을 몇 번 하고 쉬는 것이 가장 능률적인지를 살펴보고, 벌목량을 최대로 할 수 있는 단위 행동과 시간을 연구하여 이를 벌목공에게 적용하였다. 경제·합리적 인간모형을 설정하고 기계적 능률성을 중시했다.

테일러의 동작연구가 계량적 방법을 통한 인간의 행동을 연구한 데 반해, 화이트(Leonard White, 1926)와 윌로우비(W.F. Willoughby, 1927)는 조직구조에 관심을 가졌다. 통일된 명령, 권위의 계층제, 엄격한 노동 분업 등 조직구조가 행정의 효율성과 관련이 깊다고 보았다.

귤릭(Luther Halsey Gulick)과 어윅(Lyndall F. Urwick, Papers on the Science of Administration, 1937)은 조직 최고관리자의 기능(조직 원리)으로 POSDCoRB를 제안하였다. 기획화planning, 조직화organization, 인사staff, 명령direction, 조정coordination, 보고report, 예산budget 등 7가지 기능은 최고관리자가 분업화된 조직

---

17) 막스 베버의 다양한 합리성에 관한 분류와 정의는 이 책 제3편을 참고하기 바란다. 목적 달성을 위한 수단과 도구인 규칙에 집착하면서 당초의 목표의 가치를 망각하는 부작용이 나타나게 된다. 문제해결 능력을 상실한 영혼 없는 공무원으로 전락하게 된다.

18) 막스 베버는 관료제가 가치와 정치의 영역에 개입하는 현상의 문제점을 지적하고 있다. 반대로 정치가 행정에 미치는 영향도 무시할 수 없다는 점을 유의해야 할 것이다.

을 관리하는 데 고려해야 할 원칙이고, 이 중에서 조정기능을 특히 중시했다. 이 시기의 연구자들은 행정의 '능률성'과 '효율성'을 확보하는 데 큰 관심을 보였다.

전통 행정학의 특징을 요약하면 다음과 같다. 행정은 서비스를 직접 제공한다. 정치 영역에서 결정한 목표를 오로지 집행하는 데 관심을 둔다. 행정인은 제한된 재량 하에서 공공서비스를 직접 제공한다. 공무원은 선출직 공무원에 대하여 책임을 진다. 관료제의 과업은 최고관리자의 지휘와 계층적 통제로 관리된다. 공조직의 핵심가치는 효율성과 합리성이다. 공조직은 폐쇄시스템에서의 효율성을 추구하므로 시민의 참여는 제한적이다. 조직 관리의 원리는 POSDCoRB 이다.

귤릭은 루스벨트 대통령[19]이 설치한 '행정관리에 관한 대통령자문위원회(Brownlow Committee, 1936-38)' 위원으로도 참여하였다. 그는 조직의 집권적 관리를 중시하는 입장에서 대통령의 참모 기능을 강화하여 행정 전반에 관한 대통령의 직접 통제권을 확대해야 한다고 주장하였다. 1929년 미국의 경제대공황[20]을 극복해야 하는 시대적인 요청과 맞물려 실제로 대통령의 권한은 강화하는 방향으로 추진되었다. 이러한 맥락에서 행정이 정책결정기능을 행사하여야 한다는 정치행정일원론이 등장하게 된다.

즉 엽관주의를 배제하는 과거 윌슨 행정학이 주장하는 소극적 의미의 실적주의로 경제위기를 극복하기 어렵기 때문에, 행정이 가치를 권위적으로 배분하는 정치의 역할을 수행해야 한다는 것이다. 이 시대에는 행정 문제의 복잡성과 전문성이 증대하면서 의회의 위임입법이 증가하게 되어 공무원의 재량범위도 커지게 되었다. 행정인의 역할이 부각되면서- 인간을 조직구조의 종속변수로 보던 경제·합리인 모형에서 - 인간관계론의 사회적 인간의 모형으로 전환하게 되었다.

디목(M. E. Dimock, 1936)은 과거의 기계적 효율은 비인간적이고 냉혹한 계산이

19) 1929년 경제대공황은 인간의 이성에 따라 사회가 진보할 것이라는 믿음과 자본주의의 지속적인 발전에 관한 확신에 의문을 품게 한 사건이다. 대공황이라는 시장 실패의 경험을 통해 정부와 행정이 경제사회문제에 적극 개입하여 문제를 해결하는 적극 행정이 대두되었다. 대규모 댐 건설을 위한 테네시강개발청(TVA)가 발족되는 등 뉴딜정책의 추진으로 대통령과 정부의 권한은 강화되었다.

20) 경제 대공황은 경제학 분야에서는 케인즈이론(을 태동하는 기반이 되었다. 공급이 수요를 창출한다는 고전이론, 세이의 법칙(Say's Law)의 발상을 완전히 뒤집어서, 수요가 공급을 창출한다는 케인즈의 유효수요 이론이 각광을 받게 되었다. 케인즈이론은 조선시대 실학자(북학파)의 주장과 닮았다. 우물물을 계속 사용해야 우물이 마르지 않는다는 논리다.

라고 하면서 성공적인 행정은 따뜻하고 활기찬 것이어야 하므로 전체 공동체를 위해 계획하고, 철학과 사유를 하며, 교육하여야 한다고 주장하였다. 이제 행정은 효율을 넘어 정의, 자유, 형평에도 관심을 가져야 한다고 보았다. 즉 사회적 능률을 주장하면서 정책결정과 집행은 연속된 하나의 과정으로서 정치와 행정은 동일선상에서 파악해야 한다는 정치행정일원론(기능적 행정학)을 주장하였다.

나아가 애플비(P. H. Appleby, 정치와 행정, 1949)는 정책을 집행하는 단계에도 선택과 결정의 속성을 포함하고 있다고 보았다[21]. 왈도(Dwight Waldo, 1948, 1952)는 민주주의를 포기할 수 없다고 하면서 집중화, 계층화, 지휘명령 등 조직의 효율성을 달성하기 위한 수단들이 주는 교훈을 무시하지 말아야 한다고 주장하였다. 행정 효율성 기준에 대비되는 행정에 대한 시민의 대응성 등 민주성 기준을 도입하여야 한다는 것이다.

예일대학교 정치학자인 다알(Robert Dahl, 1947)은 효율성이 개인적 책임성과 민주적 도덕성 등의 가치와 결합되어야 완전하다고 한다. 이처럼 1940년대에는 행정인(사람)에 대한 관심이 고조된 시기로서 행정이 정치와 밀접한 연관이 있다는 데 연구자들의 관심이 일치하고 있다. 행정을 문제 해결의 과정으로 파악하게 되면서 그 문제를 해결하는 인간(공무원)에 관한 관심으로 진화하게 된 것이다.

과거 전통적인 조직에서 조직인을 조직의 부속품으로 인식하고 설정된 목표를 기계적으로 집행하는 도구로 보던 틀을 깨고, 인간관계론자들은 조직인의 내면적인 심리와 비공식적 조직(informal group)의 유용성 및 인정욕구에 의한 동기부여를 중요하게 다루었다[22].

1950년대는 행정이론이 행정행태론과 조직발전론 등 다양하게 전개되었다. 사이먼(H. A. Simon, Administrative Behavior, 1957)에 따르면 인간은 합리성의 한계(limits of rationality) 또는 제한된 합리성(bounded rationality)을 가지므로, 지식이 불완전하고, 미래 예측이 어렵고, 선택 가능한 대안을 고려하는 범위도 제한적이

---

21) 윌슨의 정치행정이원론이 미국 엽관주의의 폐해를 극복하려는 목적성을 띠고 있다면, 디목의 정치행정일원론은 경제 대공황을 극복하기 위하여 뉴딜정책을 시행하는 정부의 적극적인 시장개입 현상을 설명하기 위한 이론이다. 무대(시대)가 변하면 연기자의 대본(이론)도 달라지거나, 같은 대본이라도 의미와 해석은 달라진다.

22) 전통적으로 행정의 3요소는 조직, 인사, 재무 행정이다. 즉 행정의 성과=f(조직, 재무, 인사)로 표현할 수 있다. 조직, 재무, 인사 순으로 독립적인 성격이 강하다고 할 것이다. 조직은 제도와 시스템의 문제로 상대적으로 인간이 제도화하기 좋다. 인사 즉 사람은 그 사고와 행동을 완전하게 통제하기 어렵고, 따라서 인간의 독자성으로 인하여 통제와 관리가 쉽지 않다. 것이다.

라고 한다. 인간은 제한된 합리성으로 선택에 직면하여 만족 수준에서 결정한다고 보았다. 이성과 감성을 구분하고 감성이 이성에 영향을 줘 합리성의 한계를 분석하는 파레토(Pareto) 최적원리와 달리, 사이먼(Simon)의 만족 원리는 인간 이성 자체의 계산 능력이나 정보처리 능력 한계로 합리성이 제약된다고 보았다. 즉 문제가 인간의 문제 해결 능력을 넘어서는 경우 인간은 완전한 합리성을 가질 수 없다는 것이다.

사이먼(Simon)의 행정행태론은 귤릭과 어윅의 행정원리를 거부하고, 엄격한 자연과학적 실험의 방법을 행정연구에 적용하려는 것이다. 그는 가치와 사실을 엄격하게 분리하는 논리실증주의를 따른다. 행정행태란 행동들의 공통된 속성 값[23]으로, 개별적이고 구체적인 행동(또는 행위)을 일반적· 추상적인 차원으로 올려 행동의 공통된 속성을 측정하고 검증하여 행정연구의 객관성과 과학성을 높이려고 하였다.

사이먼은 인간이 의사결정에서 제한된 합리성(limited rationality)을 활용한다고 보았다. 즉 완전한 정보를 가지고 합리적인 의사결정을 하지 아니하고 제한된 범위의 정보로 만족 수준에서 의사결정을 한다는 것이다.

사회와 조직 환경의 변화에 맞춰 조직도 변화해야 한다. 조직의 변화에 있어 핵심적인 요소는 조직인의 문제인식과 문제 해결 등 조직인의 변화 및 관리 능력을 계획적이고 체계적으로 향상시켜 나가야 한다. 이를 조직발전(Organization Development)이라고 한다.

한편 시대의 변화에 맞춰 정보사회에서 조직의 의사결정은 빠르고, 효율적이고, 편리한 방향으로 진행되고 있다. 이렇게 변화가 극심한 사회에서는 잘못된 결정보다도 늦은 결정으로 조직의 생존에 위협을 받기도 한다. 따라서 현대조직은 정보가 6-70퍼센트 정도 수집된 상태에서 중요한 의사결정을 내리는 경우가 종종 있다. 그만큼 변화의 속도에 맞추는데 안주하지 않고, 변화를 선도하고 이끄는 내는 것이 조직 생존에 핵심 요소라는 것을 시사한다.

---

23) 막스 베버는 행동(행태)을 몸을 움직여 동작하거나 어떤 일을 하는 것으로, '의식적, 의도적인 목적을 가지고' 행동하는 것이 행위로 정의한다. 본서에서 행태는 행동들의 모음으로, 일반화·추상화·종합화한 개념으로 정의한다.

공공선택론

사이먼의 연구 이후 행정에 경제학의 연구 방법과 가격기구를 도입하고자 하는 공공선택이론이 등장하였다. 방법론적 개체주의에 입각하여, 경제적·합리적인 인간이 효용을 극대화하고 비용을 최소화하는 선택을 한다고 가정한다. 인간은 이기적으로 행정의 산출물인 공공재와 공공서비스를 소비한다고 본다[24].

행정학에서 공공선택론은 행정과정을 경제학의 원리와 방법으로 분석하는 이론을 말한다. 경제학의 시장에 생산자와 소비자가 존재하듯이, 공공부문의 정치가, 관료, 투표자 등 공공재와 서비스의 생산과 소비에 이들의 행태를 경제학의 방법으로 분석하는 이론이다. 즉 공무원은 그들의 권한과 예산을 늘리려는 행동을 분석하면서 그 유인에 관하여 관심을 가지고 설명하고 있다. 뷰캐넌과 털록의 국민합의의 분석: 입헌민주주의의 논리적 근거(The Calculus of Consent: Logical Foundations of Constitutional Democracy)는 공공선택론의 대표적인 저서이다. 행정연구에서 공공재의 공급을 공공선택의 접근 방법으로 설명하고 있다.

참고로, 경제학에서 공공선택은 행정의 관점과는 조금 다른 측면이 있다. 경제학은 개인의 선택의 자유를 보장하는 것이 자원배분의 효율성을 달성하는 데 꼭 필요하다는 입장에서, 공공선택론은 집단적인 선택과 경제적 결정이 가져오는 비효율의 문제를 지적하는 데 관심을 가진다. 예를 들면, 경제적인 선택은 효용과 비용을 비교하게 되는데(특히 한계효용과 한계비용, 즉 한계의 개념에 유의해야 한다), 음식점에서 주문한 음식 값을 더치페이(각자 계산)하지 않고, 집단적으로 1/n로 나눠서 음식 값을 지불하게 두면, 각 개인은 비용최소화의 경제 선택 원리에 따라 음식을 주문하지 않게 된다는 결론을 도출하여 보여준다. 경제학에서 공공선택론은 집단 행동의 불합리를 적나라하게 보여주고 있다. 공공정책을 결정하는 경우에도 단합(통나무 돌리기, log-rolling)과 나눠먹기 등 정치적인 행위로 국가 예산을 비효율적으로 집행하게 되는 현상을 설명하고 있다.

한편 신제도주의자들은 인간의 행동에 영향을 미치는 제도적인 조건이나 규칙은 공공재와 서비스를 제공하는 공공기관의 의사결정 능력을 제공하거나 한정 짓는 수단

24) 공공선택론이 극단적으로 발달하게 된다면, 개인은 행정서비스를 제공하는 공급자를 선택하는 권리를 가지게 될 것이다. 글로벌화가 깊고 넓게 진행된다면, 개인이 국가를 선택할 수도 있을 것이다. 세금을 적게 부담해도 되는 국가로 기업이 이전하는 현상도 비용 최소화를 위한 기업의 합리적 선택에 따른 것이다.

이 된다고 본다. 또한 공공재와 그 서비스는 개인의 선호(수요)에 따라 영향을 받는다(Ostrom and Ostrom, 1971).

신공공관리론

신공공관리론은 정부를 기업처럼 운영하라는 것이다. 경영 기법을 행정에 도입하고, 공공관리에서의 관리자의 역할, 공무원이 과업을 수행하는 방법과 근거 등을 민간처럼 전환하라는 것을 주문한다.

오스본과 개블러(Osborne & Gaebler, 1992), 케틀(Kettl, 2000) 등이 주도한 신공공관리는 조직의 생산성을 높이기 위해 행정 관리자는 경제적 기반을 두고 새로운 서비스를 제공하는 기제(mechanism)를 발굴하는 데 최선을 다하라는 것이다. 권위 중심의 업무처리 프로세스를 시장과 경쟁 중심으로 대체하여야 한다고 주장한다. 공공서비스의 민영화를 주장하고, 행정이 직접 노를 젓지 말고(서비스를 직접 제공하지 말고) 조종하라고 촉구한다. 정부가 직접 공공재를 제공하는 경우 X-비효율 등 낭비가 발생한다고 보았다. 계약이나 보조금, 위임과 위탁, 자율서비스 등 다양한 방법으로 공공서비스를 제공할 것을 제안한다. 오스본과 개블러(Osborne and Gaebler, Reinventing Government, 1992)는 공공관리의 10가지 원칙을 제시하였다. 공공서비스를 직접 제공하기보다는 조정하는 촉매정부(Catalytic Government, Steering Rather than Rowing), 공동체 지향 정부(Community-Owned Government), 경쟁력 있는 정부(Competitive Government, Injecting Competition into Service Delivery), 역할과 과업 중심 정부(Mission-Driven Government, Transforming Rule-Driven Organizations), 결과지향 정부(Results-Oriented Government, Funding Outcomes, Not Inputs), 고객지향 정부(Customer-Driven Government, Meeting the Needs of the Customer, Not the Bureaucracy), 기업가 정부(Enterprising Government, Earning Rather than Spending), 앞서가는 정부(Anticipatory Government, Prevention Rather than Cure), 분권화된 정부(Decentralized Government, from Hierarchy to Participation and Team work), 시장지향 정부(Market Oriented Government, Leveraging Change Through the

Market)를 제안하고 있다.

케틀(Donald Kettl, Brookings Institutions)이 제안한 공공 관리 개혁의 요소들은 행정조직이 더 많은 서비스를 창출하기 위한 방법을 모색하려는 것이다. 구체적으로는 관료주의(명령, 통제)의 병폐를 근절하기 위해 시장형 유인(인센티브)으로 관리자의 행동을 변화시켜 나가는 것, 정부가 시장(가격) 메커니즘을 활용하여 고객(시민)에게 더 나은 공공서비스를 제공하고 선택권을 넓혀줄 것인지, 정부가 수행하는 업무의 고객 대응력을 높이기 위해 일선 민원 창구의 담당자들이 고객에게 직접 봉사할 수 있도록 그 책임을 분산시켜 줄 것인지(권한과 책임의 이양), 정부는 구조나 과정 대신 산출물과 성과에 집중하고, 하향식 규칙 중심 시스템을 상향식 결과 중심 시스템을 대체시켜 나갈 것인지 등 정책보다는 관리에 중점을 두고, 계량(정량)화 가능한 산출 측정 및 성과목표를 중시하며, 새로운 보고와 모니터링 및 책임 기제(메커니즘)의 개발과 결합된 관리 통제를 양도하고, 대규모 관료조직을 준 자치기관으로 분리하기 위해 상업 기능과 비상업기능을 분리할 것 등을 제안하고 있다. 결국 공공서비스 제공에 있어서 경쟁과 성과 계약 개발, 성과 연계 보상시스템 도입 등 민간의 관리 기법을 도입하려는 것이다.

신공공관리론은 린(Lynn, 1996)이 지적한 것처럼, 1970년대 발전한 공공정책학파와 관리주의 운동에서 나왔다. 공공정책학파의 정책관점은 정치학보다 경제학에 뿌리를 두고 있다. 정책평가 및 분석가들은 시장경제, 비용편익 합리적 선택 등 경제용어에 익숙하다. 공공정책을 통해 공공행정서비스를 구현하려는 학파들의 관점을 이전의 공공행정과 구별하기 위해 이름을 공공관리라고 이름 지은 것이다.

신공공관리는 경제학의 합리주의 관점을 받은 공공선택론과도 연결된다. 공공선택론의 또 다른 변형으로 주인-대리인 이론을 들 수 있다. 주인-대리인 이론에서 가장 주목하는 핵심 사항은 정보의 비대칭성이다. 이로 인한 역선택(adverse selection)과 도덕적 해이(moral hazard)를 보험회사의 계약 및 중고차 시장에서의 선택의 문제를 제기하고, 이 문제를 해결하기 위하여 중고차 이력 증명제도, 보험 가입자에 대한 정보 제공 등의 정책 대안을 제안하고 있다.

신공공관리에서 대리인 이론은 대리인의 목표를 주인과 일치시키기 위한 유인(incentives)과 제도적인 구조를 연구하는 것이다. 신공공관리는 효율을 증가시키기 위해 낭비를 제거하고 자원을 목표 달성에 연계시키고자 한다(시그마 가치). 신공공관리의 목표 달성은 책임성, 편견의 회피, 공정성 등의 가치를 추구하기도 하고(세타

가치), 안전, 안정, 적응 능력 등의 가치(람다 가치)를 추구하기도 한다. 관리주의(managerialism)이란 관리자가 조직의 생산성과 효율성을 높이도록 지향하는 것을 말한다.

신공공서비스론

신공공서비스론은 디목, 다알, 왈도 등 정치행정일원론 입장에 있는 학자들의 정신을 뿌리로 한다. 즉 민주적 시민이론, 공동체와 시민사회 모델, 인본주의 조직과 신행정학 및 포스트모던 행정학과 맥락을 같이한다(참고로, 윌슨의 행정연구와 귤릭의 원리연구 그리고 합리적 선택론은 조직을 폐쇄적 시스템으로 간주하고, 효율성과 경제적 합리성을 추구하기 위해 통제를 중시하는 관점이다. 경제적인 임금 등 물질적 욕구를 충족시켜주는 동기부여로 직원의 협조 또는 조직의 규칙 준수를 유도하는 데 관심을 둔다).

신공공서비스론의 민주적 시민 정신(Democratic Citizenship)이란 법이 정하는 시민의 권리와 의무 또는 정치적 공동체의 일원으로서 시민의 권리와 의무를 뜻한다[25]. 정치 시스템에 영향을 미치는 개인의 능력과 공익을 중요하게 다룬다. 시민은 개인의 이기심을 넘어 공동체와 공익을 더 우선한다. 정치적 이타주의와 사랑과 헌신(의무 및 기여)을 중요하게 생각한다. 공공정신의 고양은 정의(억압받는 사람을 배려) 및 참여(결정에 참여하는 사람은 그 결정에 대하여 좋은 감정을 가지고 실행에도 도움을 줄 개연성이 높다)의 원칙에 관한 지속적인 관심이 필요하다. 공익은 개인의 사익을 단순히 합한 것 이상이라고 한다[26].

따라서 행정은 단순히 고객의 요구에 응답할 것이 아니라, 시민들 간의 협력과 신뢰 및 관계에서 우러나는 협력 정신(관계 정신, 공동체 정신)을 형성하는 데 관심을 두어야 한다는 것이다(Serve Citizens, Not Customers). 참여자는 그릇된 참여 의식을 가지지 않도록 열린 심의와 담론에 균형을 가지도록 유의해야 한다. 민주적 시민정신은 공공의 선과 공동체 전체의 복지에 대한 관심, 자신과 타인의 권리를 존중하

25) 공공선택론과 신공공관리론에 따르면 정부의 목표는 개인과 공동체의 경제적 이익을 증대시키는 것이다. 개인의 이기심으로 국가와 연결된다고 보는데, 개인은 그 이익에 따라 투표권을 행사한다고 가정한다.
26) 공익의 실체설에 가깝다.

려는 의지, 정치 사회적 신념에 대한 관용, 대중을 보호하고 봉사할 의무에 대한 인식 등을 구성요소로 한다.

신공공서비스론은 공동체와 시민사회 모델에 기반하고 있다. 개인주의가 극도로 발달한 현대인에게 시민사회는 이기주의를 극복하는 터전으로 기능할 것이다. 인간의 협력과 공동체의 복원은 기계화·산업화 된 사회에서의 인간 소외를 극복하는 데 도움을 준다. 기후변화와 지구온난화 등 환경문제의 해결도 국가 간 협력이 요구된다.

가드너(John Gardner, 1991)는 이웃에서 작업그룹에 이르기까지 다양한 차원의 공동체 의식이 개인과 사회의 중재 구조를 유용하게 제공한다고 보았다. 공동체는 가치를 공유하고, 그 전체성 및 다양성도 확보해야 한다. 즉 전체성이 다양성을 억압하지 않도록 다른 의견을 열린 자세로 허용하는 다원주의 철학이 있어야 한다. 다양성이 전체성을 파괴하는 것을 방지하기 위해서는 양극화를 줄여나가고, 다양한 집단이 서로 이해하도록 협상과 중재를 위한 제도적인 장치가 마련되어야 한다.

신공공서비스론은 조직인과 시민의 요구와 욕구에 주의를 기울이는 인본주의를 지향한다(참고로 전통 행정학은 조직을 계층적인 구조로 보고, 구성원을 통제와 관리의 대상으로 보았다). 아지리스(Argyris, Personality and Organization, 1973)는 전통적인 조직 관리 관행이 조직 내 인간의 심리적 발달에 미치는 영향을 연구하였다. 아지리스는 인간의 성장은 수동성에서 활동성으로, 의존성에서 독립성으로, 얕은 관심에서 깊은 관심으로, 단기적 관점에서 장기적 관점으로 이동한다고 보았다. 조직인의 현실은 자신의 업무에 대해 통제력을 잃고, 복종적이고, 의존적이며, 제한적이라고 한다. 이로써 조직인이 조직에 기여(contribution)하지 못한다는 것이다. 즉 조직의 합리모형은 현상 유지를 강화하여 조직의 합리성을 높이는 변화를 선호하므로 조직인이 성장과 자아실현을 할 수 없는 조직 구조를 강화하고 있다고 보았다.

여성, 동성애 등 젠더 이슈, 다문화 및 소외자에 대한 보호 등 행정이 해결해야 하는 사회 문제의 내용도 다기(양)화되고 있다. 이는 포스트모더니즘의 등장과 맥락을 같이 하는 것이다. 포스트모더니즘은 전통 행정학의 합리적 행정 모형과 실증주의에 대하여 비판적으로 접근하면서, 사회과학은 자연과학의 연구 방법(실증주의)과 다른 방법(질적 연구 방법 등)을 사용할 수 있고 한다. 이에 인간 행동의 이해와 가치를 이해하는 현상학과 해석학의 방법을 행정연구에 도입할 것을 주장한다. 논리실증주의 등 전통적인 행정연구는 인간 삶의 의미와 가치에 대한 이해를 배제하는 잘못이 있어 반대하는 입장이다. 즉 인간 간의 관계와 경험의 기초가 되는 권력과 지배 및 억압의 힘에 대한 비판적 연구와 조사로, 행정연구에 가치와 의미, 그리고 감정 등을 연구 대상으로 한다.

1960년대 행정연구 : 비교·발전행정

조직의 사람을 중요시하는 행정연구의 흐름은 1960년대에 이르러 조직발전론(organization development)으로 진전되었다. 조직발전론은 인간의 잠재력을 최대한 계발함으로써 조직 전체의 개혁을 도모하려는 체제론·응용 행태과학적 접근방법을 말한다. 행정행태론과 조직발전론이 국내 행정연구의 범주에 속한다면, 비교행정과 발전행정은 국제행정연구의 범주에 속한다.

개발도상국가의 행정은 산업화와 근대화를 선도하여야 했다. 선진국에서 발달한 행정이론과 기술을 개발도상국가의 발전 전략에 적합하도록 적용해야 했다. 비교행정론은 환경의 영향을 받는 조직의 생태적 연구라는 점에서, 발전행정론은 행정이 환경의 변화를 적극적으로 유도한다는 점에서 각각 개방이론으로 볼 수 있다. 시스템의 관점으로 조직을 정의하면, 조직은 환경과 주고받으며 적응하고 변화(문화)하는 과정에서 성장한다. 조직과 개방 환경은 생태론적 접근과 발전론적 접근으로 구분할 수 있다.

생태론적 접근방법(ecological approach)은 환경이 행정에 미치는 영향을 연구한다. 행정은 환경에 영향을 받는 종속적인 지위에 있다고 본다. 대표적인 학자인 리그스(Riggs)는 발전도상국가의 행정행태를 그 사회의 사회문화적 맥락에서 파악하였다. 발전행정론은 개발도상국가의 국가발전을 행정이 주도하면서 발전 전략과 처방(prescription)을 제시하는 이론을 말한다. 발전행정은 국가발전에서 행정의 역할과 전략을 제시하는 이론이다. 미국에서 발달한 행정이론을 개발도상국가에 전파하면서 발생하는 예상하지 못한 도전에 대한 응전으로 태동한 실용적·처방적 성격의 행정이론이다. 행정이론은 행정 현상을 기술(description)하고 설명(explanation)[27] 하고, 변수들 간 적실성(relevance) 있게 연계되어야 한다. 미국의 정치사회를 설명

---

27) 기술(description)이란 현상을 가능한 그대로 서술하는 것을 말하고, 설명(explanation)이란 그 서술에서 원인과 결과를 추출하여 그 인과관계를 명시하는 것을 말한다.

하기 위한 행정이론들을 토양이 전혀 다른 개발도상국가에 그대로 적용하면 자기의 몸에 맞지 않는 옷을 입는 것과 같은 부조화(discrepancy)를 경험하게 되는 것이다. 비교행정과 발전행정은 선진국의 실패 경험을 미리 인지하고 배워 신속하게 국가발전을 도약시키려는 것이다.

1960년대 행정학의 특징 : 기술과 가치의 혼재

행정연구에서 1960년대는 관리과학에서 신행정론까지 그 스펙트럼이 넓게 전개되었던 시기였다. 가치와 사실을 분리하는 실증주의와, 가치와 적실성을 직접 연구하는 경향이 혼재된 시기이기도 하다.

먼저, 월남전쟁[28]은 역설적으로 체제분석(OR), 프로젝트 관리 및 critical path method(PERT, The Project Evaluation and Review Technique), 체제분석 등 관리기법이 발전하게 된 기반이 되었다. 전쟁을 위해 개발한 시스템(체제이론)이론을 행정에 도입하게 된다.

1930년대 뉴딜정책이 경제 대공황을 극복하기 위한 정부의 노력이었다면, 1960년대 들어서 사회복지 분야에서의 국민 요구가 증대하기 시작한다. 경제를 재건하는 과정에서 경제적 불평등과 빈곤의 문제가 사회 이슈로 되면서 정부는 복지국가의 모델로 전환하게 된다. 미국의 존슨 행정부가 주장한 위대한 정부(Great Society)의 건설은 정부의 기능과 역할을 더한층 확대하는 계기가 되었다.

경제적인 차원에서의 시장실패 영역에 개입하다가 주택, 의료, 복지 분야까지 정부가 개입하게 되면서 행정학의 연구대상도 가치를 지향하게 되었다. 월남전쟁과 개발도상국가에 대한 지원 등으로 밖으로 향하던 관심을 미국 내부의 문제로 전환하는 운동이 시작되었다.

관리 기법을 기술적으로 행정에 적용하는 것에 염증을 느끼고 행정학의 정체성(identity)에 의문을 던지면서, 새로운 행정의 방향을 제시한 학파가 등장하게 된다.

---

28) 전쟁은 상대방을 무력으로 제압하는 것을 목표로 한다. 명확한 목표를 달성하기 위한 군사적인 전략과 자원의 동원 경험은 행정이 효율성을 확보하는 데 중요한 자산이 되었다. 미국의 맥나마라 장군이 재무행정과 국가재정을 합리화하는 데 기여하였다.

즉 가치 중립의 엄격한 과학주의를 벗어나 무엇이 바람직한 선택이며 현재 사회에서 해결해야 하는 문제를 파악하고 그 문제를 적실성 있게 해결하고 실천하는 처방 주의로 전환하게 되었다.

후기행태주의 또는 신행정학(new public administration)은 참여, 사회적 형평, 실천, 적실성을 행정학의 정체성으로 보고 강조하면서 사회적 취약계층에 대한 복지서비스를 확대 제공하려는 것이다. 행정학은 독립된 학문이라는 몸부림으로, 행정의 영역에서 탈정치화의 노력을 기울이던 고전적 행정학자들은 경영기법을 행정영역에 도입하였지만, 이러한 시도는 결국 행정학의 연구대상과 연구 방법을 모호하게 하는 부작용을 초래했다는 것이다. 이제 정치의 영역에서 행정이 완전히 독립된 영역을 확보한 이상 행정의 정체성을 가치의 문제에서 찾으려는 시도가 신행정학을 통해 등장하게 되었다.

1970년대 행정학

1970년대에 두 차례의 석유 파동을 거치면서 세계 국가는 스테그플레이션[29]과 재정적자를 경험하게 되었다. 신행정론자들이 사회문제를 적극 해결하는 것이 행정의 역할이라고 주장하면서 비대화된 정부조직은, 결과적으로 비시장(정부)실패라는 정부 비효율을 초래하였다.

울프(Wolf)는 정부실패의 가능성을 이론적으로 제시하면서 작은 정부를 주장한다. 정부실패의 관념이 경제학의 시장실패 접근에서 유추한 것이라면, 공공선택론은 행정학의 영역에 정치경제의 관점을 도입한 것으로 볼 수 있다.

공공선택론은 정책결정에서 경쟁과 대안적 서비스 전달체제를 고려해야 한다고 보았다. 신자유주의 정신에 따라 정부실패를 극복하기 위하여 정부 기능을 민영화하는 등 정부의 개입 영역을 줄여나가는 정책을 펼치게 된다. 공공부문도 민간기업과 경쟁하면서 공공재를 소비하는 고객의 만족을 충족시켜야 한다는 것이다.

뷰캐넌과 툴록(the calculus of consent, 1962)은 조직과 집단이 탄생하는 근거로 비용의 최소화 전략으로 설명하고 있다. 경제적 합리성을 전제한 인간은 개인이 부담하는 공공서비스의 비용이 최소화하는 선택을 통해 집단과 조직을 탄생시키게 된다는 것이다. 또한 헌법(큰 규모의 제도)을 조직 또는 설계할 때는 미래의 구체적인 결정을 예정하므로(당장에는 이익과 손해에 직접 영향을 미치는 결정을 하는 것이 아님) 큰 이견 없이 합의에 도달할 수 있으나, 구체적인 선택을 목전에 두고 만드는 제도에 대하여는 쉽게 합의하기는 어렵다고 한다. 구체적인 선택 앞에서 인간은 이익과 손해를 직면하게 되므로 첨예한 갈등 구조를 나타낸다는 것이다.

개인은 외부 비용과 결정 비용 그리고 두 비용을 합한 사회적 비용을 최소화하는 점에서 선택을 하게 되는데, 조직이 분권화되고 소규모로 하면 전체적인 국가 비용을 줄일 수 있다고 하였다. 정부의 조직과 기능이 비대화되면 공동체가 부담해야 하는 비용이 커지게 되므로, 시장의 기능을 활용하는 민영화 또는 작은 정부로 비용부담을 줄여나가야 한다는 것이다.

---

29) 물가상승(인플레이션)과 실업 등 불황(deflation)이 겹쳐서 나타나는 현상을 말한다. 일반적으로 경제학의 필립스 곡선에서 보듯이 물가상승률과 실업률은 반비례 또는 상충관계(trade off)에 있다. 그러나 불황이 겹치면 물가와 실업률이 함께 상승하는 현상이 나타난다는 것이다.

1980년대 행정학

1980년대[30]의 신공공관리론(NPM)은 국제금융위기를 거치면서 행정도 -민간기업처럼- 고객을 만족시키기 위해 고객의 요구와 선호에 맞는 공공서비스를 효율적으로 공급해야 한다고 주장하였다.

영국의 보수당 정부를 이끈 대처(Margaret Thatcher) 수상은 정부 축소(최소정부) 정책과 정부 개혁을 추진하였다. 예산제도의 개혁, 공무원의 감축과 기구축소, 업무 성과를 위한 관리자의 책임성 강화 등 정부 개혁 조치를 시행하였다. 책임운영기관 제도, 공공부문의 경쟁성을 강화하기 위한 시장성 시험, 고객을 위한 시민헌장 등의 제도를 채택하였다. 고객, 시장, 성과 지향성을 핵심 가치로 한다.

신공공관리론의 고객중심주의의 이념은 분절 없는 정부 또는 원활(만)한 정부(seamless government)의 관점을 촉발시켰다(Russell M. Linden, 1994). 분절 없는 정부 또는 원활한 정부의 개념은 정부 기관의 칸막이를 없애라는 취지다. 고객에게 원스탑서비스 또는 고객에게 종합적인 서비스를 제공함으로써 고객의 불편을 해소하고 공공서비스 이용의 만족도를 제고하려는 것이다. 기능주의적 관점에서 중앙행정기관이 분할(sectionalism)되어 있어 고객은 필요한 서비스를 각각의 부서를 전전해야만 했고, 부서 간의 비협조로 새로운 고객의 요구에 능동적이고 적극적으로 대응하지 못하고 고객은 불편함을 참아야만 했던 과거의 잘못을 개선하려는 노력의 일환이다.

30) 1960년대와 1970년대 집단(group)을 연구대상의 중심으로 삼았다면, 1980년대 들어서면서 국가를 연구대상으로 신제도주의가 등장하게 되었다. 구제도주의가 법률 등 성문화된 제도를 중심으로 정태적인 연구를 했던 반면, 신제도주의는 사회 현상을 제도와 행위의 상호작용으로 설명한다. 제도가 행위를 규정하지만 반대로 행위가 제도를 변화시킬 수도 있다는 점을 주목하면서, 법 이외의 관습, 도덕, 문화 등 인간의 동형화에 관심을 가진다. 신제도주의는 합리적 제도주의, 사회적 제도주의, 역사적 제도주의로 분류하기도 한다.

1990년대 행정학

1990년대 미국의 빌 클린턴(Bill Clinton) 행정부가 추진한 정부재창조운동(reinventing government)의 일환으로 '기업가적 정부' 모형을 제안하였다(David Osborne & Ted Gaebler).

정부의 사업은 독점적이고, 그 사업의 중요도는 성과가 아니라 투입되어 사용되는 예산에 따라 결정되어 진다. 즉 정부의 유인구조는 결과가 아니라 투입을 기준으로 하므로 낭비적인 정부 관료제를 만드는 원인이 된다.

기업가적 정부는 정부를 업무와 성과지향으로 전환하여 기업적인 정부로 개혁하려는 것이다. 기업가적 정부는 촉매 작용적 정부로 배의 노를 직접 젓는 방식에서, 방향 잡기 정부(steering organization)로 정책을 조정·관리하는 데 중점을 두어야 한다는 것이다(기업가적 정부는 앞에서 살펴본 신공공관리와 공통되는 점이 있다는데 주의). 국가를 구성하는 학교, 지역사회, 집단과 조직 등이 자율적으로 운영하는 기반을 조성하도록 분위기를 조성하는 역할을 해야 한다는 것이다.

덴하르트(Robert B. Denhardt와 Janet Vinzant Denhardt, 2000)[31]는 행정은 '듣기(listen)'와 '봉사(serving)'를 중요시하는 신공공서비스론을 제안하였다. 기존의 신공공관리론의 '고객'에서 '주민(시민)'의 만족과 체감(feeling of satisfaction)을 높이도록 행정을 전환하도록 주장하였다. 신공공관리가 고객의 효용을 효율적으로 충족시켜주기 위해 방향 잡기(steering, alignment)를 강조했다면, 신공공서비스론은 행정의 목적 가치인 공익(public)에 주목한다. 공공서비스가 사익을 충족하는데 머문다면 공익과 공공성을 침해받기 쉽다는 것이다. 전체 시민과 공공의 문제를 해결하는데 민주시민의 적극적인 역할이 중요하다고 보았다. 행정은 시민에게 봉사하는 책임을 진다는 것이다.

이제 정보화의 진전으로 인공지능 기술을 행정영역에 도입하기에 이르렀다. 시민은 시·공간을 넘어 민원서류를 발급받을 수 있게 되었다. 정보화가 깊숙하게 진행된 환경에서 등장한 seamless government 개념을 학습해 보자. '분절 없는 정부'라고 번역되는 seamless government 개념[32]은 린덴(Russell M. Linden)이 정부 조직을 재설계 및

31) Robert B. Denhardt and Janet Vinzant Denhardt, "The New Public Service : Serving Rather Than Steering," Public Administration Review(Vol. 60, No. 6, Nov./Dec. 2000), pp. 549-559.

32) seamless government를 '이음매 없는 정부'로 번역하기도 한다(오석홍, 행정개혁

재구조화하는 목표 상태를 설정하는 조직 모형으로 제시한 것이다[33].

정부 조직은 기능적 구분에 따라 분할된 구조를 갖는다. 이에 공공서비스를 이용하는 민원인(소비자)은 재화와 서비스를 분절적으로 받게 된다. 정부 부서가 개별화된 공공서비스를 제공하면서 복합민원을 해결해야 하는 국민은 복수의 기관을 방문해야 한다. 각종 인·허가권의 분산으로 국민이 겪는 불편은 비효율과 불만으로 행정 불신의 원인이 된다. 행정 문제를 원스탑(one-stop)으로 해결하기 위하여 부서 조직화(departmentalization principle)된 행정조직을 부드럽게 연계하여야 한다.

정보통신기술의 발달로 이러한 연계를 가능하게 되었다. 행정서비스를 통합적으로 제공할 필요성과 가능성이 맞아떨어진 현대 행정의 바람직한 모습을 분절 없는 정부 개념에 담아볼 수 있다. 조직과 조직 간의 연계는 과거의 경계선을 허물고 네트워크의 형태로 연결되어 통합되는 구조로 전환하게 된다. 교육복지(교육부)와 사회복지(보건복지부) 서비스를 통합적으로 제공하기 위하여 국민의 재산과 소득 정보를 부서 공동으로 활용하는 사례가 '분절 없는 정부'가 지향하는 하나의 사례로 들 수 있다[34].

'분절 없는 정부'의 개념을 공공부문과 민간부문의 경계까지로 확대한 로즈(Rhodes)의 네트워크 지배(Governance as Self-Organizing Networks) 개념을 알아보자. 로즈(Rhodes)는 전통적으로 사회를 움직이는 지배적인 행위자(actors)들로 시장과 계층조직이 있었으나, 현대사회는 정부조직, 민간조직, 시민단체 등이 연계(network)되고 이들 조직이 상호 연계하여 공공서비스를 제공한다고 보았다. 어느 하나의 조직이 행위의 주체가 된다고 보기 어렵고 상호 의존적이며 연계되어 있어, 각 조직은 자율성을 가지고 선택이나 활동에서도 일정한 범위의 자유와 스스로 설정한 책임을 진다는 것이다.

사회를 네트워크 지배로 이해하면 현대사회의 운영 모습을 설명하는 데 유리하지만, 공공조직의 책임에 소홀하기 쉽다. 예를 들면, 중앙정부가 직접 공공서비스를 제공하는 경우에 그 서비스의 적정성과 민주성 등 직접 책임을 물기에 쉬우나, 네트워크 지배 모형에서는 중앙정부, 지방정부, 민간, 시민단체 등 연합으로 공공서비스를

론 제6판, 박영사, 203쪽 참조). 2023년도 도봉구청에서 시행한 도봉 그물망 복지 협력단 운영사업은 복지 현안 업무를 '부서 간 칸막이 없이' 공동 협력체계를 마련한 것으로 좋은 예가 되는 사업이다.

33) Russell M. Linden, Seamless Government(Jossey-Bass, 1994).

34) 의료복지, 교육복지 등 수급자가 혜택을 누려야 하는 복지들을 일괄하여 제공함으로써 복지 수급자의 편의를 도모하려는 것이다.

제공하므로 책임의 소재를 가리기 어려운 문제가 있다.

네트워크 지배 관점에 따라 공공서비스의 경제적 효율성 확보에는 유리하더라도 그 서비스가 민주성이나 형평성 등 소위 정치적 합리성을 달성하는지에 관한 관심은 낮아질 수 있다는 것이다.

행정과 국가 : 소결

달이 차면 기운다. 19세기 야경국가 또는 경찰국가 모델에서 정부는 정치적으로 경찰(치안)과 국방 등 질서유지 기능(서비스)만 제공하고, 경제적으로 자원의 배분은 시장과 시민사회의 자율에 맡기는 자유방임정책을 채택하였다. 아담 스미스가 국부론에서 '보이지 않는 손'으로 사회의 자원이 효율적으로 배분될 것이라고 보는 관점과 일치하는 것이다. 그 당시, 근대의 인간은 합리주의와 이성주의에 기초하여 사회는 진보하게 될 것이라고 전망하였다.

그러나 기대와 달리 핵무기 개발과 세계대전, 독재체제 출현, 경제 대공황 등을 경험한 인류는 순수자본주의와 시장주의 정책을 불신하고, 국가 시스템의 또 다른 축인 정부의 계획 경제(시장개입)로 선회하게 된다. 정부가 시장을 개입하는 뉴딜정책을 설명하는 정치행정일원론이 등장하였고, 1960년대 사회복지정책을 추진하던 시점에는 후기행태주의가 성행하게 되었다. 시장은 위축되고 정부의 기능은 확대 일변도로 진행되면서 정부의 시장개입에 대한 불만과 비효율은 누적되었다.

1970년대 두 차례의 오일쇼크를 경험하면서 정부 조직의 비대화와 그 비효율을 극복하기 위하여 신자유주의 운동이 전개되었다. 이 시기에 울프(Wolf)의 정부실패 이론이 등장하게 된다. 즉 사회에서 정부와 시장의 역할 변화에 따라 이를 설명하는 행정이론이 각각 새롭게 탄생하게 된다는 것이다.

> 알아보기 : 시장실패와 정부실패
>
> 국가를 살아있는 시스템(living system)으로 한 국가의 자원배분을 보면, 국가 시스템은 그 하위 시스템인 시장과 정부를 구성요소로 하고 있다.

자본주의 시장기구에 의한 자원배분은 수요와 공급이 만나는 점에서 균형가격과 수급량이 결정된다고 한다. 자본주의 시장구조에서 가격 기제(mechanism)를 신호(signal)로 하여 자원을 배분한다. 반면에 정부는 계획(planning)을 수단으로 자원을 배분한다. 계획시스템이 차지하는 비중이 클수록 전체주의에 가깝게 된다. 19세기 야경국가 시대에는 자유방임정책을 토대로 시장의 자율성을 보장하였으나, 1929년 경제 대공황을 경험하면서 시장에 정부가 적극적으로 개입하는 뉴딜정책을 시행하게 되었다. 시장 실패(market failure)란 가격기구가 제대로 작동하지 못하여 효율적인 자원배분에 도달하지 못하는 상태를 말한다.

경제학자들은 '시장의 보이지 않는 손'에 의해 파레토 최적인 효율적인 자원배분 상태에 도달하게 된다고 보았다. 보이지 않는 손이 작동하기 위하여는 합리적인 인간, 완전 정보, 완전경쟁시장(거래비용이 zero) 등의 가정과 조건이 전제되어야 하지만, 현실은 정보의 비대칭 현상이 나타나고 불완전 경쟁시장이 존재하므로 일상에서 완전한 시장을 구현하지 못하는 시장실패 현상이 나타나게 된다는 것이다. 공공재는 대표적인 시장 실패 사례로 정부가 그 서비스를 직접 제공하는 것이다. 치안, 국방, 도로 등 공공재와 공공서비스를 이용하는 사람이 다른 사람의 이용을 배제할 수 없어(배제하더라도 그 비용이 많이 든다) 비용을 지불하지 않는 무임승차자(free-rider)의 문제가 발생한다. 시장의 주고받기(give and take)가 이루어지지 않는 현상을 시장실패라고 정의하는데, 외부성(externality)도 주고받기에 실패한 모습의 하나다. 외부성은 외부경제와 외부비경제로 구분하는데, 정원에 예쁜 꽃을 보며 즐거운 이웃이 그 만족(효용)의 대가를 지불하지 않는 경우를 외부경제라고 한다. 반대로 오염물질을 배출하는 기업이 그 정화 비용을 지불하지 않는 현상을 외부비경제라고 한다. 외부경제는 집합적으로 사회에 긍정적인 영향을 주므로 정부가 보조금으로 그 서비스를 사회적으로 바람직한 상태까지의 양으로 늘려주는 정책을 쓰고, 외부비경제는 방치하는 경우 사회적으로 필요한 양보다 더 많은 오염물질을 배출하여 환경오염 문제를 유발하므로, 정부가 세금이나 배출부과금을 부과하여 오염물질의 배출량을 사회적으로 수용 가능한 범위 내로 줄이는 정책을 시행하게 된다.

시장실패 문제를 해결하기 위해 정부가 직접 개입하는 정책을 사용하지 않고, 신자유주의적 관점에서 경제원리를 적용하여 해결을 도모하는 정책의 사례로 내부화(internalization) 방법을 소개한다. 외부성을 내부화하는 것인데, 담배로 인해 고통받는 이웃이 겪는 외부비경제를 해결하기 위해 흡연 구역을 지정하는 것이다. 그 구역(zoning)

내에서만 흡연하도록 강제함으로써 비흡연자로부터 담배 연기를 차단 및 격리시키는 정책, 즉 구역설정(zoning) 정책이 내부화의 사례이다.

철도, 고속도로, 공항 건설 등 초기 투자 비용이 많이 드는 사업(평균비용곡선이 길게 늘어지는 형태의 산업들)은 정부가 개입하는 경우가 많다. 민간 자본이 충분히 축적되어 있지 않은 개발도상국가는 정부기업 형태로 정부가 직접 사회간접시설을 건설하고 운영하는 사례가 많다. 이 경우 정부 또는 대기업이 자연독점을 하게 되어 완전경쟁시장 조건을 위반하게 된다.

시장실패에 대응하는 정부의 개입은 공공부문의 기능을 확대하는 것으로 전개된다. 초기 단계에서의 자원배분의 효율성을 확보하기 위한 목적에서, 1960년대 이후의 복지정책은 소득배분의 불평등 문제를 해결하기 위한 것으로 정부의 기능은 더 확대하게 되었다. 정부 관료제의 확대는 X-비효율과 관료제의 역기능을 양산하면서 오일쇼크에 따른 공급측면의 충격을 이기지 못하고 정부 기능을 재점검하도록 압력을 받게 된다. 정부실패현상에 따라 민영화와 경쟁과 효율성을 공공부문에 도입하려는 신자유주의의 물결이 1970년대 중반 이후에 대세가 되었다.

비시장실패 현상을 연구한 울프(Wolf)는 정부활동(서비스)에 대한 수요와 공급의 특징에서 정부실패를 찾는다. 비시장수요의 특징으로 시장실패에 대한 인식 고조, 정치적 조직화와 정치적 권익 신장, 정치적 보상구조의 왜곡(정부의 시정조치에 따른 보상은 정치인에게 돌아가므로 정치인들은 무책임하게 정부활동을 확대하는 경향이 있음), 정치 행위자의 높은 시장 할인율(선출직인 정치인은 그 임기 동안에 정책의 편익과 이익을 누리기 위해 가까운 시점에서의 편익을 확대하는 경향이 있음), 비용과 편익의 분리로 편익을 누리는 집단과 비용을 부담하는 집단이 달라, 정책으로 편익을 누릴 것으로 예상되는 집단이 조직화와 로비를 통해 수요를 창출하려고 하므로 자원배분의 효율성에 실패한다고 보았다.

규제정책과 관련하여 편익과 비용의 분리는 미시적 분리와 거시적 분리로 구분할 수 있다. 미시적 분리는 윌슨의 고객정치모형과 유사한 것으로 정부사업의 편익은 특정 집단에 집중되지만, 그 비용은 일반대중이 부담하는 모형이다. 거시적 분리는 윌슨의 기업가적 정치 모형과 유사한 것으로 복지사업의 경우처럼 정부사업에 대한 수요는 다수이지만 그 재원은 소수가 부담하는 경우를 말한다.

유비쿼터스(ubiquitous) 행정

현재 진행형 행정의 모습의 하나로 유비쿼터스 행정을 들 수 있다. 행정 시스템은 행정을 둘러싸고 있는 사회와 환경의 영향을 받고 준다. 가게에서 주문하는 방식을 살펴보자. 개인 단말기인 휴대폰을 통해 언제, 어디서나 접근하여 커피 주문을 할 수 있고, 오더에 따른 결과를 휴대폰(개인 단말기)으로 받아볼 수 있다. 즉 시간과 장소에 구애받지 않고 무선으로 연결되는 상태가 유비쿼터스 컴퓨팅 시스템이다.

전자정부 24시도 시간과 공간의 제약을 극복하고 서비스를 제공하고 있으므로 유비쿼터스 행정의 일면이라고 볼 수 있다. 정보화의 진전과 사회의 관계 변화에 발맞춰 행정도 유비쿼터스 행정의 모습으로 전환하게 될 것이다. 행정이 제공하는 공공서비스를 시간과 공간의 제약을 받지 않고 제공하고 소비하는 시대가 될 것이다[35].

비무장지대를 지키는 군인의 역할을 로봇이 대신하고, 화재 현장에서 소방관의 역할을 드론이나 인공지능 로봇이 대체할 것이다. 이제 인간과 기계 그리고 인공지능 간의 역할 분담을 논의하게 될 것이다.

35) 인터넷 쇼핑이 유행하는 시대에 아날로그적인 매장 쇼핑을 고집하는 마트가 있다. 상품을 구매하고 소비하는 데 얻는 만족을 넘어, 오프라인 매장에 방문해서 상품의 가치를 발견하는 호기심을 자극하면서 쇼핑을 즐거운 여행으로 경험과 이야기를 제공하려는 매장의 전략이다.

지방행정

지방대학의 위기와 지방소멸이 사회 문제로 대두되고 있다. 서울과 수도권에 인구와 각종 기반시설이 집중되어 있는 우리나라의 경우는 더 심각하다. 고속전철을 신설하는 정책에 대하여 지방의 저항이 있었던 것도, 중심부의 정보와 사람이 주변부로의 확산될 것이라는 기대 보다는 주변부의 자원이 중심부로의 쏠림이 더 가속화될 것이라는 우려 때문이었다.

역사적으로 단일민족으로서 중앙을 무대로 한 발전 전략을 채택하였고, 지역을 기반으로 한 장원을 역사적으로 경험하지 못해 가치의 집중화와 획일화를 더 쉽게 받아들이는 경향이 있다.

지방자치제도가 지방분권과 민주주의의 본질적 사상을 근간으로 한다는 점에서 우리나라는 지방자치법의 도입을 통한 위로부터의 지방자치제도를 도입한 것이다. 즉 지방자치제도를 행정의 민주성과 효율성을 확보하기 위한 수단적인 의미로 국가 정책적으로 도입한 것으로 이해된다.

서구의 지방자치가 아래로부터의 주민 자치와 민주성의 가치를 실현하기 위한 목적적 성격을 띤 것이라면, 우리나라는 중앙정부의 집권성을 완화하는 기능적인 측면에서의 지방자치제를 도입한 측면이 강하다.

지방자치는 중앙정부, 지방자치단체, 주민 등 3자 간의 관계에 따라 주민자치와 단체자치의 관점으로 나뉜다. 주민자치란 지방행정의 주민참여에 관심을 두고 지방자치를 이해한다. 주민의 의사와 책임에 따라 지방행정 사무를 처리하는 정치적 의미의 지방자치를 말한다. 단체자치란 지방행정을 중앙정부의 관계에서 파악하는 것으로서 지방자치단체의 자치권을 중시한다. 즉 국가로부터 상대적인 자율성을 인정받은 지방자치단체가 지방행정 사무에 관하여 국가의 간섭을 적게 받고 처리하는 것으로 이해하는 법적인 의미에서의 지방자치를 말한다.

지방자치의 가치는 풀뿌리 민주주의를 실현하는 것으로 역사적·정치적 이데올로기적인 성격을 가진다[36]. 지방자치는 자율성·자기 결정성·자기 책임성을 내용으로 하

36) 지방자치의 역사적 배경이 된 중세의 봉건제를 살펴보기로 하자. 고대 로마제국의 멸망은 게르만족의 침략으로 설명하고 있다. 로마제국의 밖에서 제국에 위협을 주던 훈족, 서고트족 등 이방 민족을 게르만족으로 총칭한다. 서로마 제국이 멸망하면서 중세 봉건제가 시작되었다. 제국은 조세제도를 근간으로 획득한 재정으로 상비군과 관료를 양성하게 되는데, 통일된 조세제도를 정립하지 못하게 되면서 외부의 침략으로부터 자율적으로 방비하기 위한 제도가 봉건제라고 한다. 봉건제는 지방자치의 근간이 되기도 하는데, 생각해보면 단일국가로 건설하는 경우 외부의 침략에 더 쉽게

는 민주주의를 실천하는 원리이며, 민주주의를 훈련하며, 독재를 예방하면서 정권 변화에 따른 사회의 혼란을 방지하는 정치적 기능이 있다는 것이다.

현대사회에서의 지방자치는 그 능률성 및 기능성에서 존재의 의의를 찾는 경향이 있다. 뷰캐넌과 톨록은 분권화되고 소규모 집단 또는 조직으로 국가를 운영할 때 사회적 비용을 줄여서 경제적 합리성에 부합한다고 보았다. 지방자치는 지역적 실험을 통한 정책 경험과 정책실패의 낭비 요인을 줄이고, 지역 실정에 적합한 행정 서비스를 제공하는 데 기여하게 된다는 것이다. 지방행정은 지역의 일선 행정으로서 주민 생활에 필요한 서비스를 종합적으로 제공하는 것이다.

역사적으로 지방자치는 영국형과 독일·프랑스의 대륙형으로 발전하였다. 영국형은 근대적 통일국가의 성립 이전부터 주민총회가 열렸으며, 자치권이 주민의 고유한 권리라는 사상적 기반에서 발전하였다. 대륙형은 절대군주의 역사적 전통을 경험한 국가에서 탄생하였다. 지방자치를 국가로부터 독립된 법인격이 있는 지방자치단체가 수행하는 행정으로 보는 단체자치의 개념에 입각하고 있다.

역사적·이념적인 탄생 배경은 서로 달라도, 현대사회에서의 조직이 지속 가능한 조건은 효율성을 충족하느냐의 문제다. 집단이나 조직이 효율성의 기준을 장기간 충족하지 못하는 경우 그 집단이나 조직은 폐지될 개연성이 높다.

지방자치도 비효율성이 누적되어서 민주적 가치를 실현하는 장점을 상쇄하고도 남을 정도의 경제적 낭비를 초래한다면 그 지방자치제도는 버림받게 될 것이다. 일반적으로 지방분권은 지역사회의 문제(행정수요)에 민감하고 즉각적으로 대응할 수 있어 주민의 욕구 충족에 효율적일 것이라고 한다. 한편으로 지방의회가 생산적이지 못하고 재정 낭비의 요인이 된다는 일부의 인식은 지방자치를 위협하는 요인이 되기도 한다.

노출된다는 점에서 봉건제는 나름의 합리성을 가지고 있다고 본다. 소규모 성주들로 분할되어 있는 봉건제도하에서 외부의 세력이 침략하거나 약탈하는 경우 그 대상이 많고 다양하므로 외부에서 공략하기가 쉽지 않다는 점도 장점이라고 하겠다. 화약무기가 개발되면서 중세의 봉건제도는 몰락하고 근대 통일된 민족국가가 등장하게 된다. 즉 집권적인 조직은 하부의 조직과 단위를 하나로 묶을 수 있는 물리적인 힘이 있어야 가능하다는 것이다.

전문화와 산업화(대량생산과 대량소비의 시대)를 경험한 현대인은 교통통신의 발달과 정보화의 진전으로 제4차 산업혁명 시대를 맞이하고 있다. 앞에서 우리는 국가의 기능과 역할이 확대·강화되는 현상을 시대적 배경과 함께 이해하였다. 이렇게 국가의 행정이 인간의 삶에 깊숙이 개입하던 시기는 일찍이 없었다.

미셸 푸코 등 사회학자의 눈에는 국가행정의 감시망이 개인의 사생활을 위협하는 정도에 이르렀다고 경고하고 있다.

아침에 눈을 떠서 샤워하는 물은 상수도사업본부에서 제공하는 수돗물 공급 서비스를 이용하는 것이다. 전기와 가스는 전력공사와 가스공사에서 제공하며 그 요금체계는 산업통상자원부 장관의 관리를 받는 공공재적 성격이 강한 재화이다. 출근하기 위하여 이용하는 시내버스와 전철도 지방자치단체 등 공공기관이 제공하는 공공서비스이다. 도로, 공원, 도서관, 박물관 등 우리의 기본적인 삶에 필수적인 재화나 서비스는 대부분 정부 또는 공공기관이 제공하는 공공재 또는 공공서비스들이다.

재화는 눈에 보이고 손으로 만질 수 있는 것들을 말하고, 서비스는 무형의 것으로 직접 만지지는 못해도, 소비자의 만족과 효용을 증대시켜주는 것을 말한다. 음식점에서 제공되는 각종 반찬과 밥은 상품이고, 그 재화를 전달하는 직원의 태도와 인사 등은 서비스에 속한다. 민간기업이 시장에 상품을 제공하는 것처럼, 정부는 공공재와 그 서비스를 제공하게 된다. 공공재는 우리의 삶에 꼭 필요한 재화에 속한다.

공공재가 다양해지고 확산되는 현대사회에서 정부의 역할과 시장에 개입이 커지는 현상을 행정국가[37]라고 한다. 인간의 욕구와 요구를 행정이 맞춰주고 있는 것을 말

37) 우리나라는 1970년대 경제개발 5개년 계획으로 정부(경제기획원)가 산업화 정책을 주도하던 시기였다. 이 당시 정부는 사회발전의 견인차 역할로 경제를 우선시하는 불균형 균형 정책을 추진하였다. 이후 경제 성장이 성숙기에 접어들었고, 2016년도 부정청탁 및 금품 등 수수의 금지에 관한 법률이 시행되는 등 사회 전반의 상황과 여건이 변화하였다. 행정이 다루는 정책 문제가 복잡·전문화되고, 정보통신 기술의 발달과 행정정보 공개 제도화 등으로 정책 문제 해결에 입법부와 시민단체 등의 역할이 증대되고 있다. 정보비대칭 현상이 해소되면서 과거 정부가 독점하던 정책정보를 국회도 공유하게 되면서, 정치적인 대표성을 가지고 책임성 확보에 유리한 국회가 정책결정에 주도적으로 역할을 하기 시작했다. 연일 국회 세미나실에서 각종 정책 토론회 등으로 가득차고 있다. 이 과정에서 정책 전문가의 애로사항은 계층제인 정부조직은 국과장 등 한 사람을 설득하면 되었지만, 다수의 국회의원으로 구성된 회의체인 의회에서 정책결정자가 명확하지 않아 그 대상과 소통하기 쉽지 않다는 것이다. 한편 정부는 국회에서 결정한 정책을 집행하는 데 역점을 두게 되고, 그 집행도

한다. 행정은 공익을 달성하는 것을 목적으로 하는데, 공공의 이익을 위해 제공하는 공공재와 공공서비스는 비배제성과 비경합성 등의 속성을 가진다. 국방과 경찰 그리고 공원과 고속도로 등 공공재는 만들어지고 나면 한 사람이 그 재화와 서비스를 이용하더라도 다른 사람의 이용에 영향을 주지 않는다(비경합성 non-rival, non-competitive).

순수 공공재인 공기의 사례를 들어보자. 저자가 숨을 쉬면서 공기를 소비하더라도, 다른 사람의 호흡을 방해하지 못한다는 것이다. 그만큼 여러 사람이 이용하더라도 부족하지 않을 만큼 충분하게 공급이 되고, 그 공급량은 한 사람의 소비로 줄어들지 않고 동일하다는 특징을 갖는다. 사유재인 사과는 한 사람이 1/2을 먹고 나머지를 다른 사람이 먹는다면 그 사람은 1/2만 소비할 수 있을 것이다.

때로는 공공재도 사유재로 전환하기도 한다. 평상시에 공기는 순수 공공재라고 하지만, 만약 스위스의 융프라우 산에 등정할 때 산소통을 구매한다면 그 산소는 가격이 설정되는 사유재가 되는 것이다. 교통 흐름이 원활한 고속도로는 공공재라고 하겠지만, 너도나도 자동차를 고속도로 주행을 하게 되어 정체가 발생하면 나의 소비가 남의 소비에 영향을 미치는 사유재로 전환되는 것이다. 정체가 심해지면 정부는 고속도로의 일정 구간을 운행하는 자동차 운전자에게 이용료(toll)를 부과·징수함으로써 가격(price, 만족에 상응하는 희생 또는 부담)을 설정한다. 공공재가 사유재로 전환되는 사례이다.

공공재는 비배제성을 가진다. 국방서비스의 경우 대한민국 영토 내에 거주하는 국민이라면 누구라도 국방서비스를 받게 된다. 만약 그중에 한 사람에 대하여 국방서비스 제공을 배제하려고 한다면 그 배제 비용이 막대하게 든다. 대한민국에 거주하는 모든 사람에게 제공되는 국방서비스에 대하여 어느 한 사람을 배제하려면 큰 비용이 들어 공공재와 공공서비스는 한 번 제공이 되면 공동체 구성원에게 모두 개방하게 되는 것이다.

이러한 공공재의 속성 때문에 공동체 구성원은 공공재 공급에 필요한 세금(비용부담)을 회피하려고 한다. 무임승차자(free-rider)의 문제는 공공재가 만들어지고 나면 비용을 부담하지 않은 사람도 이용하는데 제약이 없다는 점을 악용하는 사례이다.

중앙행정기관은 산하공공기관 등으로 위탁하여 집행함으로써(교육부는 한국연구재단, 한국장학재단 등 공공기관에 업무 위탁을 하고 있다) 집행 책임의 소재가 중첩되는 현상이 나타나고 있다.

예를 들면, 20년 이상이 된 아파트의 승강기는 새로 교체해야 구청에서 그 사용승인을 해주고 적법하게 이용할 수 있다. 따라서 대부분의 20년 이상 아파트 거주자는 새 승강장 교체에 필요한 비용을 분담하는데, 1층 거주자인 A씨 가구는 승강장을 이용하지 않고 있으므로 그 비용 분담을 하지 않겠다고 주장한다고 가정해 보자. 이처럼 공공재의 설치에 드는 비용을 부담하지 않으면서도 일단 만들어지고 나면 배제에 드는 비용이 많이 든다는 점을 알고 공공재 비용 부담을 회피하려는 경향을 무임승차자의 문제라고 하여 시장실패(market failure)의 하나로 들고 있다.

공공재와 공공서비스의 특징의 하나로 초기 투자비용이 많이 든다는 것을 기억해두자. 철도와 지하철을 건설하는 데 비용이 많이 소요된다. 따라서 민간 사업자에게 철도서비스를 맡겨서는 막대한 초기 투자비용을 조달하지 못해 그 서비스가 사회에 제공하지 못하는 현상이 나타난다. 경제적으로 열악한 후진국의 경우 기반시설이 취약한 것도 이 때문이다. 경제학에서의 규모의 경제이론을 이해하면 조금 더 도움이 될 것이다. 즉 생산 단위가 늘어나면 총비용에서 고정비용이 차지하는 비중이 줄어들게 됨에 따라서 평균비용이 줄어든다는 것이 규모의 경제이론이다. 쉽게 말하면 중소기업보다는 대기업이 비용에서 유리하다는 것이다. 초기 투자비용이 과다하게 소요된다는 의미는 이처럼 평균 비용 곡선이 길게 늘어지면서 우하향한다는 것이다. 예를 들면, 지하철 한 개 노선을 건설하는 데 100억 원이 필요하다고 가정해 보자. 건설비용은 고정비용에 해당하고, 그 노선을 운행하는 데 10억 원이 든다면 이는 가변비용이 된다. 즉 110억 원이 총비용이 된다. 한 사람이 지하철을 이용한다면 110억 원 이상(적정이윤을 고려한다면)의 가격을 지불해야 할 것이므로 수요와 공급이 일치하는 지점이 없어 시장에서 거래가 되지 않게 될 것이다. 만약 1천만 명의 사람이 지하철을 이용한다면 1인당 1,100원에 적정이윤을 더한 약 1,200원 정도의 시장가격으로 지하철 공공서비스를 이용할 수 있게 될 것이다.

지하철, 철도, 유무선 통신, 전기, 수도, 가스 등은 초기에 망(network)을 설치하는 데 많은 투자비용이 든다. 따라서 사업 초기에는 정부가 직접 사회기반시설을 설치하고, 향후 사업이 안정화되면 민영화 등 정부 비효율의 문제를 해소하는 정책을 추진하게 된다. 철도의 경우만 하더라도 과거에는 철도청이라는 중앙행정기관이 직접 운용하다가, 철도 공사로 공공기관으로 그 운영 주체를 이관하였다. 지금은 코레일과 SRT민영화로 정부의 X-비효율 문제를 해소하면서 경영효율화를 추진하고 있다. 전기, 통신 등도 정부기관이 운영하던 것을 민간이 그 서비스를 제공하는 것으로 변천하고 있다. 초기 투자비용이 많이 들기 때문에 시장에 맡겨두면 그 서비스가 시장에서 제공되지 아니하고 거래되지 않는다는 점을 이해하였다면, 초기 투자비용을 어떻게 조달하는 것이 효율적인 지에 관하여 잠시 생각해 보자. 앞의 지하철 건설의 예에서 초기 투자비용이 100억 원이 필요하다고 가정하였는데, 100억 원을 현재 생활하는 주민들에게 세금으로 조달하는 방법이 효율적이지 않다는데 주의해야 한다. 지하철 등 초기 투자비용이 많이 드는 사회기반시설은 한 세대만이 이용하는 것이 아니라 한 번 건설이 되고 나면 여러 세대가 이용하게 된다. 따라서 경제적 효율성의 관점에서 효율적인 자원배분이라면 주고받기(give and take)가 균형적으로 이루어져야 한다. 즉 상품을 구매해서 만족을 얻는 소비자라면 그 만족에 대한 대가를 가격을 지불함으로써 만족에 대응하는 희생을 부담해야 한다. 마찬가지로 지하철을 이용할 미래세대(태어나지 않은 세대도 지하철을 이용할 것이다)도 지하철 건설비용을 - 이용하는 만큼- 부담하는 것이 효율적인 자원배분이 된다. 그렇다면 미래세대에게 지하철 건설비용의 일부를 부담시키는 방안으로 어떤 수단이 적합할까. 일반적으로 국공채를 발행하여 미래세대의 부담(돈)을 현재로 할인해서 끌어 당겨오는 방안을 적용한다. 100년 만기 국공채를 발행한다면 100년 후의 세대가 원금을 상환하게 될 것이기 때문이다. 지하철을 탈 때 두 가지를 기억하자. 초기 투자 비용이 많이 들어서 평균비용 곡선이 길게 늘어지는 우하향 곡선 형태라는 것과 공채발행으로 그 자금을 일부 조달함으로써 그 비용을 미래세대도 부담하게 된다는 점을 꼭 기억해 주기 바란다.

자본주의, 돈과 행정 : 재무행정, 행정의 의의

행정이란 인간의 협력으로 공공의 문제를 해결하는 과정이다. 공동체의 문제를 인식하고 공유하며, 그 문제를 해결하기 위한 정책과 전략을 정치적·경제적 합리성의 관점에서 모색하고 집행하는 것을 포함한다. 행정은 조직과 인적자원 및 물적자원을 구성요소로 한다. 자본주의 사회에서 물적자원은 정책을 집행하는 데 가장 중요한 수단이다. 정부는 세금을 주된 재원으로 하여 인건비, 물건비, 보조금, 융자 및 출연금으로 자원을 배분하여 효율성과 효과성을 달성하려고 한다. 정부는 사람과 돈 그리고 정보와 지지를 투입요소로 자원을 조성하고, 그 자원을 조직화하여 공공재와 공공서비스를 제공한다.

공공재를 제공하는 기준으로 경제적 합리성과 정치적 합리성의 관점에서 대안을 선택하고 집행한다. 예를 들면 10명이 거주하는 도서지역을 연결하는 다리를 건설하는 데 100억 원의 돈을 투입하는 방안과 그 100억 원을 노인의 생활보호를 위하여 1,000만 원을 1,000명의 노인에게 생활자금으로 지원하는 대안을 선택한다고 가정해 보자. 투표와 선거에 의하여 정책을 선택하는 민주주의 원리에 따르면 1,000명의 노인을 지원하는 대안이 선택될 개연성이 높다(투표자 수 10명과 1,000명). 정치적 합리성만 고려한다면 투표자 수가 많은 정책이 채택될 것이다.

그러나 국가의 정책과 공공재의 공급은 경제적 측면에서 자원배분의 합리성을 고려해야 한다. 도서지역에 다리를 건설하는 투자사업은 고용을 창출하고 경제성장에 기여하는 측면에서 긍정적으로 검토되어야 할 것이다. 시장과 가격이 자원배분의 효율성에 실패하는 시장실패의 영역에 국가가 개입하여 공공재와 공공서비스를 제공해야 하는 필요성과, 가능성 및 당위성 등 다양한 측면에서 살펴봐야 한다.

예산행정 : 예산, 회계, 기금

공공재와 공공서비스의 제공 양과 방법 등은 그 재원(돈)을 어떻게 조달할 것인가와 밀접하게 관련된다. 정부의 한 회계연도 재정계획을 예산이라고 하는데, 정부가 예산안을 편성하고, 예산안을 국회에서 심사하는 과정은 정책을 결정하는 과정이다. 예산안을 편성하는 권한을 가진 행정부가 경제적 합리성을 중시하는 데 반해, 예산안을 심사하는 권한을 가진 국회(입법부)는 정치적 합리성을 우선하는 경향이 있다. 정부는 회계연도 개시 120일 전에 국회에 예산안을 제출하여야 하고[38], 국회는 회계연도 개시 30일 이내에 국회의 심사를 마치고 정부로 이송해야 한다(헌법 제54조 및 국가재정법 제33조 참조). 그러나 예산안의 편성과 심사는 정치과정과 연계되므로 회계연도 개시 30일 이내에 국회의 심사를 마치고(헌법 제54조 제2항 참조) 정부로 이송하여야 한다는 법 규정은 종종 지켜지지 않는다.

예산은 가치의 권위적 배분과 갈등을 포함하는 정치적 과정이므로 여타의 정치 이슈들과 합종연횡을 겪게 되기 때문이다. 한편, (한 해의 정부 살림살이를 계획으로 표현한) 예산이 국회의 꼼꼼하게 받아야 하는 까닭은 주권재민과 민주주의 원리에 따른 것이다. 예산의 집행은 세금을 재원으로 하는데, 세금은 국민의 부담을 전제로 하므로 국민의 대표기관인 국회의 심사를 받아야 하는 것이다. 누가 예산지원을 받느냐는 형평성 문제와 직결되므로 예산은 의회의 심의·의결을 거쳐야 한다.

시민이 정부의 예산 과정과 집행에 관한 관심과 지식을 가져야 하는 것도 이처럼 국민의 권리 의무에 직접적인 영향을 미치기 때문이다. 재무행정은 재정을 다루는 행정학의 분야이다. 재정은 국가재정과 지방재정으로 구분하고 국가재정법과 지방재정법이 각각 규율하고 있다. 재정은 예산과 기금으로 구성되며, 예산은 일반회계와 특별회계를 포함한다. 예산과 기금은 각각 수입과 지출의 구조로 이해된다.

통제의 관점에서 보면 정부의 회계는 일반회계만을 두는 것이 바람직하다. 단일한 예산구조로 국민(또는 의회)이 전체적으로 한눈에 파악할 수 있다는 장점을 가지기 때문이다. 그러나 예산편성을 일반회계로 편성할 것을 고집한다면 국가의 정책을 일관성 있게 추진하는 데 걸림돌이 되기도 한다.

한 회계연도 단위로 편성되는 예산의 속성상 정권의 변화 또는 재원의 한계 등으로

38) 정부의 예산안 국회 제출 시기와 관련하여, 헌법은 회계연도 개시 90일 전(헌법 제54조 제2항 참조)으로, 국가재정법은 120일 전(국가재정법 제33조 참조)으로 각각 규정하고 있다는 데 유의해야 한다.

예산사업의 우선순위가 변할 수밖에 없어 어느 한 국가의 정책 사업의 지속성을 담보하기 어렵게 된다. 이 경우 특별회계를 설치하여 그 사업의 지속성과 안정성을 확보하게 된다. 특별회계 이외에도 기금제도를 운영하고 있는데, 사업의 목표를 달성하는데 수월성을 주기 위하여 기금관리기관의 재량을 폭넓게 인정할 필요에 따른 것이다.

예산과정

예산은 한 회계연도의 세입과 세출을 포함한 재정 계획이다. 대부분의 국가는 회계단위를 1년으로 설정하고 있으나, 회계연도의 시작점은 나라마다 다르다. 대한민국 정부는 1월 1일부터 12월 31일까지를 회계연도로 설정하고 있다. 그러나 예산의 편성과 확정 및 집행 그리고 결산의 과정까지 포함한다면 3년 주기를 형성한다.

헌법은 예산의 편성권이 정부에 속한다고 규정하고 있다(헌법 제52조 제2항 참조). 정부의 각 부처의 장은 매년 1월 31일까지 당해 회계연도부터 5년 이상 기간 동안의 신규사업 및 기획재정부장관이 정하는 주요 사업에 대한 중기재정계획서를 기획재정부 장관에게 보고한다. 계획을 기초로 기획재정부장관은 예산편성지침을 각 부처의 장에게 알린다. 중앙행정기관의 장은 예산편성지침에 따라 예산요구서를 작성하여 기획재정부 장관에게 제출한다.

기획재정부는 부처의 예산요구서를 기초로 정부의 예산안을 편성하게 된다. 편성된 정부 예산안은 국무회의의 심의를 거쳐 대통령의 승인을 받아 회계연도 120일 전까지 국회에 제출한다. 헌법에는 회계연도 90일 전까지 정부가 편성한 예산안을 제출하도록 규정하고 있으나, 국가재정법에서 회계연도 120일 전까지 정부가 예산을 국회에 제출하도록 규정하고 있다는 점에 유의해야 한다.

국회에 제출된 예산안은 국회 상임위원회의 예비심사[39]와 예산결산특별위원회의

---

39) 국회의 각 상임위원회는 정부의 중앙행정부서를 소관으로 구성하고 있다. 국회법 제31조에서 상임위원회의 종류와 소관을 규정하고 있다. 국회 상임위원회는 의회의 전문성을 보완하기 위한 제도적 장치로 구상된 것인데, 상임위원회는 소관 중앙행정기관과 닮아가 부처 정책을 옹호하고 지지하는 경향도 보이기도 한다. 예산심사과정에서 소관 부서의 예산을 대폭 증액 요구하는 사례가 빈번하다. 이에 국회예산결산특별위원회에서 예산을 심사할 때, 상임위원회의 감액 요구는 즉각 반영하면서, 증액 요구는 특별한 사정이 없는 한 우선순위에서 밀리는 경우가 대부분이다.

종합심사를 거쳐 국회 본회의에서 최종 의결하게 된다. 국회는 회계연도 개시 30일 전까지는 예산안을 확정 짓도록 규정하고 있다(헌법 제54조 제2항 참조). 국회가 예산안 심사의 법정 기한을 지키지 못해 그 기간을 경과한 날에 의결하더라도 확정된 예산이 효력이 없는 무효행위가 되는 것은 아니다.

예산 편성 과정에서 정부는 예산의 경제적 합리성을 반영한다면, 국회는 예산안을 심사하는 과정에서 예산안의 정치적 합리성을 고려하게 된다. 예산안이 편성과 심사의 과정을 거치면서 다양한 이해관계를 반영하고 다차원의 가치와 합리성에 따라 조정을 거치게 된다.

복잡하고 다양한 예산을 체계적으로 분류하고 이해하기 쉽도록 정리할 필요에 따라 예산제도는 발전하여 왔다. 품목별 예산, 성과주의 예산, 계획예산제도(PPBS), 목표관리(MBO), 영기준예산제도(ZBB) 등 환경의 요구와 변화에 맞춰 예산제도의 변화를 읽을 수 있다.

쉬크(Allen Schick)는 통제, 관리, 기획의 관점에서 예산제도의 발전을 설명하고 있다. 예산의 목적 외 사용 금지의 원칙, 예산 통일성의 원칙, 예산 완전성의 원칙 등 전통적 예산 원칙은 의회가 정부의 예산을 통제하는 데 유용한 수단과 지침을 제공한다.

행정이 사회 문제 해결에 적극적으로 개입하는 행정국가 시대로 전환되면서 정부의 재량 확대와 정책과 기획 및 예산을 유기적으로 통합하는 관점이 유용성을 가지게 되었다. 예산에 관하여 의회가 설정한 원칙에 다양한 예외를 폭넓게 인정하는 방향으로, 예산 집행에서 정부가 상대적 자율성을 가지고 책임 행정을 수행하게 변화되어 왔다.

행정이 국가발전을 선도하는 발전행정과 신행정론의 관점은 정부실패와 감축경영의 영향을 받은 신자유주의 사조에 따라 수정을 거치게 된다. 민간의 경영 기법을 정부운영에 도입하고, 공공기관과 공기업을 민영화하는 등 정부기능을 축소하는 방향으로 전환되었다. 가능성의 측면에서도 정보화의 발달과 정보통신기술의 진전으로 정부가 정보를 독점하던 현상이 완화되고 정보의 확산이 보편화되면서 의회와 시민사회에서도 정책 결정과 관련한 정보를 공유하게 된 것이다. 이에 시장과 정부 그리고 시민사회가 함께 공동체의 문제를 인식하고 해결책을 마련하는 거버넌스론이 등장하게 된다. 행정 서비스의 고객과 시민은 행정이 법에 따라 제공하는 공공정책을 받아들이는 수동적인 위치에서 벗어나 적극적으로 행정과 정책 결정 과정에 참여하고 영향력을 행사하게 되었다.

시민의 필요를 적극적으로 인지하고 이를 정책에 반영하는 자세로 관료제의 모습이 변경되면서, 행정 조직이 역계층제(뒤집어진 계층제)의 모습으로 발전한다. 시민의 필요(needs)를 확인하고 일선에서 서비스를 제공하는 행정조직의 구성원(직원)의 문제 인식들을 관리자는 경청하여 리더십을 행사하여야 한다. 명령하고 지시하는 관리자의 모습에서 구성원을 격려하고 칭찬하며 공감으로 구성원의 성장을 지원하는 서번트 리더십이 보편화되기 시작했다.

국가와 자원배분 : 재정의 자동안정화 기능

국가를 살아있는 시스템(living system)의 하나라고 가정해 보자. 자원배분 기능의 측면에서 국가는 크게 시장과 정부로 구성된 시스템이다. 시장은 가격기구에 따라 자원을 배분하는 시스템이다. 자본주의 경제를 기반으로 하는 현대사회에서 수요와 공급에 의해 결정되는 시장가격과 균형 수요량과 공급량은 효율적인 자원을 배분하는 기제로 작동한다. 시장기구는 소득 배분의 공정성을 확보하지는 못하고, 가격기구가 제대로 작동하지 못해 효율적인 자원 배분도 실패하는 소위 시장 실패의 문제를 야기한다.

공공재, 외부성, 소득의 불공정성 문제 등 시장실패 문제를 해결하기 위하여 정부가 개입하거나, 오스트롬(E. Ostrom)의 제3의 길 등 다양한 대안적 방법들이 모색되고 제안되고 있다.

정부 관료제는 공공정책을 결정하고 집행하면서 공공의 문제를 해결하는 주체이며 수단이다. 정부가 다루는 공동체의 문제는 비경합성과 비배제성의 속성을 가진다. 공공재는 나의 소비가 타인의 소비를 방해하거나 배제하지 못한다. 사유(민간)재는 한 사람이 소비를 하고 남은 재화를 타인이 소비하게 되지만, 공공재는 한 사람이 소비를 하더라도 타인이 완전한 모습의 공공재를 소비할 수 있다. 사유재인 사과를 먹다가 남은 것을 소비해야 한다면, 공공재인 공기는 한 사람이 공기를 소비하더라도 타인은 완전한 공기를 소비할 수 있다(비경합성). 지하철과 도로 및 항만 등 사회기반시설은 공공재적 성격을 가진다.

현재 세대가 세금으로 지하철을 건설하려고 한다면 재원으로 세금 이외에도 국공채를 발행하게 된다. 왜냐하면 건설된 지하철은 현재 세대뿐만 아니라 미래 세대도 이용하므로, 수익자 부담의 원칙과 자원배분의 효율성 측면에서도 지하철을 이용하게 될 미래세대도 그만큼의 경비를 부담하는 것이 바람직하기 때문이다. 국공채를 발행하여 국공채의 상환기간을 미래세대가 부담하기에 적합한 기간으로 설정하게 된다.
이처럼 예산은 경제안정과 성장을 촉진하며, 자원배분의 효율성과 소득 배분의 공정성이란 기능을 한다. 경제가 과도하게 활성화되면 안정을 추구하기 위해 세금을 늘려 받고, 정부지출을 줄이는 정책을 시행한다. 예산의 경제 안정 기능이다. 시장에서 해결하기 힘든 소득 배분의 형평성 문제를 해결하기 위해 정부가 개입하기도 한다. 노인층이나 장애인 및 다문화 가정의 소득보전을 지원하면서 공동체 구성원의 기초생활을 보장하는 것은 시장실패를 정부가 개입하여 공정성을 확보하게 된다.

예산형식(구조)과 내용

예산은 -폴더형식으로- 구조화되어 있다. 장-관-항-세항-세세항-목-세목이 그것이다. 분야, 부문, 프로그램, 단위사업, 목 단위로 구분하기도 한다. 장, 관, 항까지는 입법과목이라고 하여 원칙적으로 입법부인 국회에서 조정하는 권한을 가진다. 세항과 목은 행정과목이라고 하며 행정부에서 조정하는 권한을 행사한다. 입법과목 간의 조정을 이용이라고 하며, 행정과목 간의 조정을 전용이라고 한다.
예산안을 편성하는 단계에서 전년도 예산액을 기준으로 하는 점증주의(incrementalism) 방식을 따르기 쉽다. 편성해야 하는 예산안의 내용이 다양하므로 과거(전년도) 계속사업은 물가상승률을 감안하고, 신규사업의 필요성과 타당성 등에 분석과 판단을 집중하는 데 유리하기 때문이다.
정부의 재정 규모가 해마다 증가하게 되는 점증주의 예산편성 방식은 정부 재정의 감축 상황에서는 그 한계상황에 직면하게 된다. 경제의 불경기 상황에서는 각종 세금이 전년도보다 적게 부과·징수되는데 정부지출도 이에 맞춰서 줄여야 하기 때문이다(정부 재정의 균형 수지의 원칙),
재정사업의 특징은 한번 증가된 사업 규모를 줄이게 되면 기존의 수혜자로부터의 강력한 저항에 직면하게 된다는 것이다. 세수 부족 현상에 대응하기 위하여 정부는 국공채발행 등으로 일시적으로 재정을 확보하게 되는데, 국가부채가 누적되어 국가경제규모를 넘어서게 되면 국가신인도에 영향을 미치게 된다. 장기적으로 국가채무는 적정하게 관리되어야 한다.

공급 측면의 경제위기 현상으로 1970년대 석유자원위기(oil crisis)가 발생하였다. 각국은 경제위기를 극복하기 위하여 신자유주의라는 새로운 패러다임을 적용하게 된다. 신자유주의는 비대화된 정부조직의 비효율을 해소하기 위하여 시장의 가격기구를 공공부문에도 도입하려는 것이다. 구체적으로는 정부가 제공하던 공공서비스를 민간기업 등 민간에서 그 서비스를 제공하도록 하는 민영화정책을 추진하게 되었다.

신자유정책에 기반한 공공부문의 역할 재조정은 효율성을 높이려는 당초의 의도와 달리 일부 부작용도 나타나고 있다. 예를 들면 행정의 대상이 되는 사회의 전문화가 심화되면서 중앙행정조직이 그 산하 기관을 경쟁적으로 신설하고, 그 기관을 활용하여 공공서비스를 제공하게 되면서 중앙행정기관은 예산을 전달하는 기능에 치중하게 된다[40]. 따라서 과도한 출연금 등 예산의 비합리성을 중점적으로 살펴야 할 필요성이 커지고 있다.

---

40) 책임 행정의 원리에 따라 장관을 중심으로 한 중앙행정기관은 소관 업무에 대하여 권한과 책임을 가진다. 부처의 실·국장 등 장관의 보조기관에 대한 인사권과 업무 장악력은 높은 상관성을 가진다. 공무원의 업무 행사에 관한 법과 제도가 정비되면서 공무원의 업무 범위가 규정으로 명확하게 정의되고, 행정조직의 장이 인사권과 통제권을 독점하기 어려운 현대사회에서 공무원에 대한 지휘·감독이 느슨해지기 쉽다. 특히 행정감사 및 책임을 회피하려는 공무원의 성향은 복지부동으로 귀결되어, 위험과 책임이 따르는 정책 결정을 정치권에 미루고, 그 집행도 산하 기관으로 넘겨 공조직의 계층제는 형식화되어 주무관 행정으로 전락하기도 한다.

인간과 동기부여 : 인사행정

전통적으로 조직론, 인사행정론, 재무행정론을 행정학의 3대 핵심 분야라고 한다. 정치로부터의 단절의 필요에서 행정학은 시작되었다. 미국의 엽관주의(전리품 인사행정) 전통은 정치적인 충성심으로 공무원을 임용하였다. 즉 선거에 도움을 준 참모들을 행정가로 임명함에 따라 행정이 집권 정당의 이념과 가치를 실현하는 데 긍정적이었으나, 행정의 전문성 확보 측면에서는 어려움을 겪게 된다.

행정이 비교적 단순하고 정치적인 결정을 기계적으로 집행하는 시대에는 큰 문제가 없었으나, 행정이 복잡한 공공의 문제를 전문적이고 효율적으로 해결해야 하는 시대에 접어들면서 행정에도 엽관주의를 배제하고 직업공무원을 양성할 필요성이 대두되었다.

공개경쟁시험을 통한 선발과 교육훈련을 제도화하면서 행정 공무원의 직업적인 전문성과 안정성을 확보하게 되었다. 행정의 정치적 중립성·중립성·안정성과 예측 가능성을 담보할 필요성에 맞춰 정치 행정 이원론과 행정경영일원론이 등장하게 되었다. 우드로 윌슨이 행정을 독자적인 연구 대상과 방법으로 연구해야 한다고 주장한 것과 일맥상통한다. 포드의 컨베이어 벨트 시스템과 대량생산과 대량소비, 테일러의 동작연구 등은 과학적 관리법을 행정에 적용하여 행정의 생산성과 기계적 능률성을 높이려던 시대에 등장한 이론이다. 조직의 공식적 구조를 중요시한다는 점에서는 베버의 관료제 이론과 맥락을 같이 한다.

호오손(Hawthorne)의 연구로 행정의 비공식적 조직 내에서의 인간관계와 사회적 합리성이 효율성에 미치는 영향에 관심을 가지게 되었지만, 이러한 인간관계론도 조직 내의 문제로 한정해서 봤다는 점에서 과학적 관리법과 마찬가지로 폐쇄적인 조직 연구의 범주에 속한다.

이후 조직과 환경을 연계해보는 개방시스템으로 발전하면서 행정조직에서도 고객과 시민의 만족도와 체감도를 중시하는 연구로 확대되고 있다. 법의 우위 및 법에 근거한 법치행정을 통해 행정 서비스를 기계적으로 제공하던 전통적인 행정을 탈피하여 고객과 시민의 필요(needs)를 적극적으로 행정에 반영하는 시대로 전환된 것이다.

주민 참여 예산제도 등 국민이 주인으로 참여하고 행정조직은 주민의 요구를 반영하여 공동체의 문제를 해결하는 수단적인 기구로 인식하게 된다. 과거의 행정조직과 국민의 상하관계는 대치(displacement) 또는 역전되었다. 원조를 받아 경제 개발을 추진하던 산업화 시기에는 우리 정부가 국가발전을 직접 견인하는 역할을 했다면, 복잡·다양한 현대사회에서 국가 행정은 경제발전을 보조하기 위한 정책, 즉 민간부문의 요구를 해결하고 규제를 완화하는 등으로 정책 방향과 내용에 변화를 가져오고 있다.

역전된 민-관 관계에서 민간이 공공의 이익을 형성하는 데 적극 참여하게 되면서 공조직의 정책 내용과 방향을 이끌어 나가게 되는데, 이 경우 공조직이 민간의 이익을 대변하는 포획(capture)현상 등 부작용이 나타나기도 한다. 이러한 시대적 환경에서 공익을 실현하는 공무원의 중립적·전문적 업무 능력과 공직자로서의 책임 있는 자세가 중요하게 대두하고 있다. 이러한 맥락에서 조직 내의 인간이 청렴하고 공정하게 그 업무를 수행할 수 있도록 동기를 부여하는 연구가 활발하게 이루어지고 있다.

공무원이 조직의 목표 달성에 헌신하도록 강제적·공리(유인)적·규범적인 방안들을 살펴보기로 하자. 매슬로우(Maslow)의 욕구 5단계설에 따르면, 의식주 등 생리적 욕구, 안전 욕구, 사랑과 사회적 관계 욕구, 자존의 욕구, 자아실현의 욕구 등 인간의 욕구는 계층적이고, 아래 계층의 욕구가 충족되어야 다음 단계의 욕구를 가지게 된다고 보았다. 생존욕구, 관계욕구, 성장욕구(ERG)이론이나 X이론, Y이론 등 인간관도 내용에 관한 동기부여이론으로 분류된다.

반면에, 브룸(Vroom)의 기대이론(V.I.E이론)은 과정이론으로 분류되는데, 노력의 결과로 성과를 성취할 확률과, 그 성과를 통한 보상이 주어지는 정도에 관한 확률 및 그 보상에 대하여 주관적으로 부여하는 가치 정도 등에 따라서 조직인의 행동이 유발한다고 보는 이론이다. 이처럼 동기부여이론이란 인간의 행동으로 끌어내는데 기제로 작용하는 요소들이 무엇인가를 연구하는 데 관심이 있다.

베버는 전통적, 카리스마적, 합법적 권위[41] 등으로 구분하고 있고, 통상적으로 인간은 강제적인 수단, 공리적인 수단(경제적이고 주고받는 수단들), 규범적인 수단들에

---

41) 권위(authority)란 권력(power)+정당성(legitimacy)으로 정의된다. 즉 권력자가 그 상대방의 행동이나 태도를 조정하는 힘(권력)을 행사하는 경우에, 그 상대방이 권력 행사자의 권력에 대하여 인정하고 받아들이면(수용하면) 권위가 있는 권력이 되는 것이다. 권위란 권력을 받는 피권력자의 입장에서 그 권력의 강제력이 정당하다고 수용하는 것인데, 그 수용의 근거가 전통, 인간이 초월하는 비범한 능력, 법률 등 합법적인 규칙 등에 따라 각각 전통적 권위, 카리스마적 권위, 합법적 권위로 구분한다.

의하여 행동을 유발하거나 행위를 제약받게 된다고 한다. 즉 동기부여이론은 인간의 행동을 촉발하는 원인 요소들과 그 상호관계를 연구하는 분야이다.

지도자의 덕목 : 도망가지 말고 인재를 등용할 것

리더는 조직의 구성원에게 영향력(권력과 권한을 포함)을 행사하여 목표를 달성하는 역할을 하고, 그 지도자의 역량에 관련한 연구를 리더십론에서 다룬다. 현대의 리더는 구성원들을 지원하고 코칭하면서 성장을 위해 봉사하는 모습으로 변신하고 있다.

고객의 필요(needs)를 정확하게 파악하여 그 수요를 충족하려면 고객과 조직 구성원 간의 쌍방향 의사소통이 전제되어야 한다. 과거 계층제로 인식하던 조직 구조의 모습은 공동체와 커뮤니티의 성격의 변화로 팀제 등 수평 조직과 구조로 전환되었다. 이러한 변화를 필요하고(needs) 가능하게(seed) 한 요인은 기술의 변화이다. 정보 통신 기술의 발달로 새로운 기술과 지식이 등장하면서 노년층은 기계의 발전 속도에 따라가지 못하는 -문화 지체(lag)[42]와 유사한- 현상을 경험하게 되었다. 키오스크 앞에서 주문을 포기하거나, 인터넷 뱅킹에 익숙하지 못해 정보화를 따라가지 못하는 세대가 늘어나면서 이제는 젊은 세대가 변화를 주도하게 되었다[43]. 조직의 경험이 많은 관리자가 신규자에게 조직의 규범과 절차를 교육하는 시스템을 가지고 활용해왔으나 이제는 상급자가 신규 충원자의 문화에 맞춰야 하는 시대가 되었다. 이에 인사행정의 원칙과 기준도 시대의 변화에 따라 수정·보완되어야 할 시점이다. 인사행정의 근본은 적재적소의 원칙에 있다. 조직이나 관리자는 구성원의 능력과 충성도를 잣대로 선발한다. 정보가 제한된 상황에서는 비밀주의가 힘을 얻어 소수의

42) 빠르게 변화하는 물질 문화를 비물질문화가 따라잡지 못하는 현상을 말한다. 기술 지체란 문화 지체와 반대로 비물질 문화의 변화를 물질 문화가 따라잡지 못하는 현상을 말한다.

43) 기술의 급속한 발달은 전통적 권위를 무너뜨리는 요인이 되고 있다. 전통사회에서 노인과 어른은 공동체가 문제에 직면했을 때 문제를 해결하는 능력자였다. 예를 들어 가뭄이 심각해서 농사를 짓기 어려운 상황에 직면하게 되면, 동네 사람들은 노인의 경험과 지혜를 통해 그 문제를 극복할 수 있었다. 오래전 가뭄을 극복한 경험을 노인이 기억하고 그 방법을 통해 문제를 해결할 수 있었던 것이다. 그러나 급속한 기술발달로 현대사회에서 젊은 세대는 노년 세대에게 질문하거나 문제해결의 지혜를 얻는 것이 불가능하게 되었다. 이제는 전문가 또는 더 젊은 세대가 문제해결의 키(key)를 쥐고 있을 가능성이 매우 높아 보인다.

조직인들이 제한된 정보를 그들끼리 공유할 수가 있다. 비밀주의는 합리적 의사결정에 큰 장애요인이 된다.

산업화 시대에 행정부가 입법부보다 우위에서 발전을 선도할 수 있었던 것도 정보의 독점 현상(또는 정보비대칭 현상)과 무관하지 않다. 이처럼 정보는 힘의 우위를 쥐는 열쇠가 된다. 정보사회에서 정보의 가치가 부각되었고, 정보를 가진 자와 가지지 못한 자와의 정보 격차는 사회 문제로 대두되었다. 디지털 기술의 발달로 언제 어디서나 정보의 접근과 검색 및 활용이 가능하게 되면서 정보를 소유한 사람보다 그 정보를 잘 활용하는 사람이 변화를 선도하게 되었다. 조직의 관리자가 충성심을 기준으로 사람을 등용하면 정보의 선택적 접근에 따른 정보의 왜곡 현상으로 잘못된 결정을 할 개연성이 높아진다. 객관적 사실에도 불구하고 충성도를 기준으로 조직인을 충원하는 유혹을 버리기 쉽지 않다. 비정형 정보를 다루는 고위직으로 갈수록 이러한 현상은 더 자주 보게 된다. 유동적인 환경의 변화에 객관적인 정보 가치를 알기 어려운 상황으로 위험과 불확실성을 배경으로 선택과 결정을 해야 하는 고위층은 잘못된 선택에 책임을 지는 부담을 가진다. 잘못을 대변하고 막아줄 충성심을 중요한 기준으로 삼게 되는 유혹을 버리지 못하는 이유다.

관리자가 정책을 실제로 추진하는 구성원을 어떤 사람으로 충원하는가는 그 관리자의 역량을 보여주는 지표가 된다. 고객은 조직 뒤에 숨은 관리자의 모습을 그와 함께 하는 구성원의 면면을 통해 추측하고 상상한다. 충성심만을 보고 사람을 중용하는 관리자에 대하여 고객은 부정적으로 인식하게 될 것이다. 반대로 능력을 보고 인재를 등용하면 조직은 좋은 성과를 내서 사회에 기여를 하게 되고, 고객은 그렇게 조직을 운영하는 관리자에 대하여 지지를 보내게 될 것이다.

궁금한 점 확인 : 질문과 답변

(질문) 준예산 제도는 전년도 예산에 준하여 예산을 집행할 수 있는 제도라고 정의되어 있는데, 이는 예산의 점증주의적 특징이 포함되어 있다고 볼 수 있나요? 이외에도 본예산, 수정예산, 추가경정예산에도 점증주의적 특징이 내재되어 있는지도 궁금합니다.

(답변) 1. 점증주의(incrementalism)는 정책학에서 합리주의(rationalism)와 대비되는 개념으로 이해하시면 좋습니다. 합리주의란 목표를 달성하기 위한 가장 적합한 수단을 경제적인 비용편익(또는 효과)분석/ 정치적인 타협 가능성 (각각 경제적 합리성 정치적 합리성으로 부릅니다)의 측면에서 합리성을 증가하는 방향으로 정책대안을 선택하려는 주의를 말합니다. 이에 비해 점증주의란, 합리성이라는 이성에 기초하기보다는, 현실적으로 실현 가능성에 초점을 두고 대안을 선택하는 방식을 말합니다. 즉 점증주의란 과거에 선택했었던 대안에서 조금 변경된 그래서 사람들이 저항하지 않고 쉽게 채택이 가능한 현실적으로 적합한 대안을 선택하는 경향을 말합니다.

2. 예산에서의 점증주의란, 합리주의와는 대비되는 개념으로서 예산은 재정계획이라고 배웠고, 즉 목표 달성을 위한 수단적인 성격을 가지는데 목표달성에 적합한 수단을 엄정하게 평가하여 가장 좋은 솔루션을 채택하려면 시간도 비용도 많이 들겠지요. 그래서 린더블럼(Lindblom)은 현실적으로 과거(전년도)의 예산을 기준으로 조금 변화한 예산을 선택하면 갈등도, 비용도 적다는데 착안하여 제안한 것이 점증주의입니다.

3. 준예산제도는. 대한민국 헌법이 채택하고 있는 제도로, 12월 31일까지 다음 연도 예산안이 국회를 통과하지 못했을 경우에 정부는 예산이 없는 상태가 되어 돈을 쓸 수가 없겠죠. 그러다 보면 공무원 월급도 못 주고 꼭 필요한 필수적인 정부 활동도 정지되어 결과적으로 국민의 불편을 초래하게 되므로, 꼭 필요한 정부활동에 필요한 돈을 쓸 수 있도록(전년도 예산에 준하는 예산)을 예외적으로 인정하는 예산제도입니다.

4. 본예산은 정부가 편성하고 국회가 의결하여 확정한 예산을, 수정예산은 정부가 국회에 제출한 편성 예산안을 일부 수정하는 예산안을, 추경(추가경정예산안)은 국회를 통과한 예산을 정부가 수정한 예산안을 편성하게 국회에 제출하는 예산안을 각각 의미합니다.

5. 즉 점증주의 예산은 합리주의 예산과 대비하여 개념 정리를 해 두시면 좋겠습니

다. 점증주의 예산은 품목별, 성과주의 제도와 관련하여 전년도의 예산액을 준거로 조금 수정하는 현실 예산의 행태를 지적하는 것으로 이해(즉 예산 제도와 관련하여 이해하시면 좋습니다.) 점증주의로 예산을 편성하는 관행은 예산낭비의 우려가 있으므로, 영기준예산제도(ZBB) 등의 예산제도개혁으로 예산을 제로(0)영에서 기준점을 삼아서 돈을 낭비하는 관행을 철폐하자는 실용적인 의미를 가집니다.

6. 따라서 본예산, 수정, 추경 등과 점증주의 예산은 이론적으로 관련성이 높지 않다고 보시면 됩니다.

제2편 행정과 인문

1. 정치·행정 정책

국가와 정부의 기원 : 민주주의 정체

고대 노예제 사회를 정의하는 관점은 홉스와 로크를 중심으로 살펴보자. 홉스는 자연 상태를 만인과 만인의 투쟁으로 보고, 투쟁 상태에 사회질서를 부여하기 위해서 주권을 가진 인민(people)은 국가에 그 주권을 이양하고, 국민(nation)이 된다고 한다. 홉스는 주권을 -인민으로부터- 양도받은 군주(국가)는 정치적으로 질서를 유지하고, 경제생활에는 방임하는 야경 국가관을 주장하였다.

이에 반해 로크는 '자연으로 돌아가라'라고 하면서 인간은 본성이 선하다고 간주하고, 인간은 사회계약에 따라 국가사회를 정치적으로 구성한다고 보았다. 한편 국가 경제적인 측면에서 마르크스와 아담 스미스를 비교하며 살펴보자.

마르크스는 신분제를 고착하는 노예제도는 인간의 잠재력을 펼치기에 한계가 있다고 보았다. 중세 농노제 역시 계약으로 인간은 속박받게 되어 인간잠재력에 제약이 된다고 보았다. 자본주의는 물질의 잉여와 풍요로 인해 인간의 잠재력을 펼칠 필요조건은 충족되었으나, 자본주의 사회에서의 노동자는 소외되고 착취로 속박되어 역시 인간의 잠재력을 펼치지 못한다고 보았다.

마르크스의 소외론[44]은 이후 프랑크푸르트 학파의 비판이론으로 계승·발전하게 된다. 마르크스는 노동자들의 수가 자본가 수보다 많아서 계급의식으로 혁명을 통해 프롤레타리아 세상을 만들 수 있고, 만들어야 한다는 당위를 주장했다. 마땅히 그러해야 한다는 당위를 주장했다는 점에서 과학[45](사회학)의 범위를 벗어났다는 비판적 시각이 있다. 마르크스의 자본론은 아담 스미스의 국부론과 연결하여 읽고 이해하면 좋다.

---

44) 소외란 주객이 전도되는 현상으로 알아두면 이해하기 쉽다. 예를 들어 자본주의 사회에서 상품은 노동자(사람)가 만든 것인데, 상품이 주인이 되는 물주현상으로 사람이 그 물건을 떠받들고 물건에 의해 사람의 가치가 결정되는 등의 현상이 소외현상의 사례이다.

45) 학문은 인과관계를 실증적으로 다루는 것으로 당위(should, sollen) 또는 처방(prescription)의 영역을 원칙적으로 연구대상에서 배제한다.

자본론보다 먼저 발간된 국부론은 시장경제와 자유방임주의 등 순수자본주의를 설명하는 경제학의 시작을 알리는 책이다. 스미스의 시장경제 체제는 인간의 이기심과 분업을 토대로 재화와 용역이 자발적으로 교환·배분되는 시스템이다. 이에 반해 마르크스의 사회공산주의는 계획과 배급을 통한 자원배분 시스템이다. 주류경제학은 스미스의 이론을 기초로 19세기 산업화와 야경 국가론으로 국가는 시장에 개입하지 않고 시장 자율경제를 신뢰하고 의존하고 있다. 고전학파 경제학자는 아담 스미스, 존 스튜어트 밀 등 전통적인 세이의 법칙(공급이 수요 창출 : S=D)을 근거로 시장에서 생산된 제품은 자발적으로 교환이 이루어져 균형 상태에 도달한다고 보았다.

그러나 1929년도 대공황을 경험하면서 공급은 스스로 수요를 창출한다는 세이의 법칙이 항상 통용되는 법칙이 아니라는 점을 인식하게 되었다. 생산된 제품이 재고로 쌓여 소비되지 못하는 현상을 타개하기 위하여 케인즈는 '수요가 공급을 창출한다'라는 유효수요의 원리를 제안하였다. 자발적인 시장의 교환으로 자원배분이 자동적으로 효율적 자원배분이 되지 않는 대공황을 극복하려는 것이다. 즉 시장실패의 문제를 정부의 개입으로 해결하려는 시도이다.

정부가 시장 개입하는 정책은 대공황을 극복하기 위한 댐건설 등 대규모 재정정책과, 1960년대 경제 불평등을 해소하기 위하여 사회정책을 추진하는 등 그 영역이 확대되어 왔다. 그러나 1973년 및 78년의 원유 자원 위기(쇼크)를 겪으면서 정부 조직의 확대로 인한 정부 비효율의 문제를 해결하고, 이를 극복하기 위하여 감축관리를 추진하면서 신자유주의의 흐름이 등장하게 되었다. 정부(비시장)실패 즉 정부 비효율과 낭비를 막기 위해 시장중심적인 처방이 제시되기 시작하였다. 경쟁과 성과 등의 개념이 공조직에 침투되게 되었다.

이제 사회는 자본주의와 사회주의가 혼합된 수정자본주의로 변하게 되는데 사회학에서는 수렴(convergency)이론의 등장과 같은 현상이다[46]. 아담 스미스의 순수자본주의가 수정자본주의로 그 모습이 변화했듯이, 마르크스의 공산주의 혁명론도 프랑크푸르트학파 등 비판이론가들에 의해서 수정·보완하고 있다. 비판이론가들은 왜 마르크스가 주장한 노동자에 의한 공산주의 혁명이 성숙한 자본주의 사회에서 나타

46) 사회학의 수렴이론이란 기능적 사회와 갈등적 사회, 마르크스의 물질과 막스 베버의 정신 등 두 극단의 이상형이 시간이 지나면서 중간지대로 수렴한다는 것이다(사회복지학에서의 수렴이론은 경제발전 수준이 높아지면 국가 간의 사회복지형태가 유사한 모습으로 동질화된다는 것을 의미한다). 코로나 19 이후 전 세계적으로 정치적인 극단주의가 성행하는 현상과는 맥락을 달리하고 있다는 점을 유의하자.

나지 않는가에 의문을 가지고 이를 설명하려는 이론들을 제시하고 있다.

생로병사와 세상에 변하지 않는 것은 없다는 것이야말로 진실에 가깝다[47]. 동식물과 같은 유기체도, 인간이 만든 인공물도 시간이 지나면 멸실하기 마련이다. 국가도 그 태생이 어떠하든 영원하지 않다. 넓은 영토와 오랜 역사의 로마제국도 결국에는 흥망성쇠를 거쳐 사라지고 말았다. 전통적으로 국가의 구성요소로 국민, 주권, 영토를 꼽는다. 고인돌을 옮기려면 인간의 협동행위가 필수적으로 수반되어야 하고, 그 행위를 시간과 공간에 일치시켜 성과를 하나로 모으려면 동시화(synchronization)를 지휘하는 권력 작용이 따라야 한다. 국가는 이러한 권력을 독점한 지배기구이다.

국가의 정체에 따라 씨족 국가, 부족 국가, 군주국가, 전제국가, 민주 국가로 구분해도, 국가는 강제적인 힘을 독점하여 국가공동체를 유지하고 그 갈등을 해결한다는 공통점을 가진다. 정치학에서 주로 국가를 연구대상으로 하여 왔으나, 자원배분의 합리성을 연구하는 경제학에서도 국가를 정의하고 있다. 경제적 효율성을 달성하기에 적합한 규모로 국가의 크기를 정의해 보는 것이다. 국가의 지배 면적이나 인구가 많아질수록 공공서비스를 제공하는 단위(한계)비용은 줄어든다. 반면에 그 관리비용은 증가하게 된다. 비용은 적게 들면서 성과를 높이는 지점에서 국가의 규모를 결정하면 경제적이라고 한다.

세계화된 사회에서 다민족으로 구성된 국가의 모습이 보편화되면서, 국가를 경제적인 측면에서 평가하는 관점이 인정받는 분위기가 형성되고 있다. 우주 만물은 자연법의 법칙과 원리에 적합해야 한다. 그러나 이성(유한성의 한계를 가진다)과 감성(열정의 기복이라는 단점을 가진다)을 가진 인간은 자연법을 거슬러 역행하기 쉽다. 특히 입법자가 만든 실정법은 -인간의 모습을 닮아-자연법을 제대로 반영하지 못해 그 법이 완전하지 않다. 불완전한 인간이 만든 인공물이 불완전하다는 건 오히려 당연한 귀결인지도 모른다. 완벽하지는 않아도 법은 인간과 자연을 연결하여 관계 맺는 기준이며 내용이 된다. 국가의 권력은 이념적으로 국민의 주권에서 그 기원을 두고 있다. 국가의 권력은 법에 적합하게 형성되고 행사되어야 한다.

로크와 루소 그리고 몽테스키외의 연구로 국가의 권력은 입법권, 행정권, 사법권으로 나눠 서로 견제와 균형의 원리에 적합하게 운용되도록 구조화되었다. 법을 만드는 기구와 그 법을 집행하는 기관, 그리고 법 집행이 법의 취지에 적합한지를 판단하는 국가기구로 구분하였다. 권력의 독재를 제어하는 제도를 만들어 국민의 자유와

---

47) 영원한 것은 없으니 역설적이게도 잡아두고 집착하려는 욕심이 생겨난다.

권리를 보호하려는 것이다. 유용성의 관점에서 국가도 주고받기를 하는 유기체다. 국가는 공공 서비스(질서유지, 복지 등)를 제공하면서 국민의 효용을 증가시키고, 그 재원을 세금 등 국민 부담을 충당하므로 마이너스(-)효용을 부담시키게 된다. 국민이 국가로부터 받는 긍정적인 효용과 부정적인 비용부담이 서로 균형을 이뤄야 그 국가는 지속가능하게 된다. 국가로 인해 국민 부담이 효용보다 더 크고 누적된다면 국민은 국가에 대하여 불만을 가지게 될 것이다. 국가의 지도자(리더) 또는 선출된 국민의 대표자들이 양질의 공공서비스를 효율적으로 제공하지 못한다면 주권자는 국가(지도자)를 언제든지 교체할 수 있는 시스템이 민주주의이다.

공공서비스의 기준

대량생산과 소비를 특징으로 하는 산업화 시대의 행정서비스는 도로, 통신 등 기반시설을 투자하는 데 중점을 두었다. 초기 투자 비용이 많고 재원확보가 어려워 민간과 시장에서 공급하기 어려운 대규모 투자사업을 정부가 주도하면서 경제 대공황을 극복하는 촉매가 되기도 하였다. 1970년대의 유가급등과 자원감축경영에 직면하여 정부도 신자유주의 동향에 따라 민영화와 감축관리에 돌입하게 된다. 민간과 서비스 경쟁을 통한 효율적인 서비스 제공에 초점을 두게 되었다. 행정이 제공하는 공공서비스는 국방, 경찰, 소방 등 핵심적인 공공기능을 고객의 요구에 빠르고 효율적으로 생활밀착형 서비스를 제공하게 되었다. 구체적으로 노인인구가 증가하면서 의료재가 서비스 또는 응급 구조를 통해 주민의 삶의 질을 높이는 방향으로 행정서비스 기능을 확대하고 있다. 전통적으로 개인의 책임으로 보던 영역에도 공공부문의 개입 영역으로 전환되는 사례가 늘어나고 있다. 육아는 가정의 책임 영역이었으나, 저출생이 사회 문제로 대두되면서 정부가 영유아 정책을 적극적으로 추진하고 있다. 가정의 문이 열리지 않을 때도 과거에는 개인 비용으로 서비스를 활용했던 것에 반해 요즘은 소방서비스가 해결해주고 있다. 국민 한 사람을 소중하게 인식하면서 개인을 보호하는 데 행정이 적극 개입하고 있다는 것을 알 수 있다. 사회의 사건 사고도 공동체의 책임으로 보면서 정부가 도움을 줘야 한다는 인식이 확산되고 있다. 어느 범위까지를 개인 책임의 영역으로 할 것인지, 또는 공동체의 책임으로 하고 국가재정을 보전해 줘야 하는지에 관한 명백한 준거 기준이 정립되어 있지 않아 개인과 집단 간의 인식 차이에 따른 갈등이 증폭되고 있다. 소모적인 사회적 갈등으로 인한 손실을 줄여나가기 위해서라도 우리 사회의 집단지성으로 합리적인 기준과 모형을 발굴해 나가야 할 것이다.

공조직 혁신의 한계

민간기업과 공공조직은 그 규모가 커지면서 관료제적 성격을 띠게 된다는 공통점이 있다. 그러나 민간기업과 공공조직이 추구하는 가치와 그 실현 방법에는 차이가 존재한다. 정부실패 현상과 자원 고갈에 따른 신자유주의의 등장으로 민간과 공조직 간의 질적 차이는 완화되었으나, 공조직은 공익과 공정성의 가치를 포기할 수 없는 반면에 사조직은 이윤추구를 목표로 상대적인 자율성을 가진다는 양적 차이가 있다. 조직에서 사람을 선발하는 과정에서 관상가의 의견을 고려했다는 과거 대기업의 일화는 유명한 전설이 되었다. 그만큼 민간 기업은 일을 잘하고 성과 내서 기업의 이윤 창출에 기여하는가가 최우선 선발이 된다. 이에 반해 공조직은 업무수행능력만을 측정하여 선발하여서는 잡음에 시달리게 될 것이다. 공개 경쟁으로 채용하다 보니 객관적인 성적만 고려해야 하고 열정이나 그 사람의 배경 등 귀속적인 기준은 가능한 한 배제해야 한다. 그렇다고 하더라도 장애인과 사회적 약자 등 형평성을 고려하는 정책을 완전히 배제할 수는 없다. 또한 공조직에서의 직업공무원제는 조직 성과와 혁신에 걸림돌이 되기도 한다. 신분이 보장된다는 것은 공정하고 중립적인 행정 구현에 일부 기여하지만, 문서주의와 형식주의에 갇혀서 조직 목표보다는 그 수단에 집착하게 되어 목표-수단 전치 현상의 원인이 되기도 한다.

공무원은 복지부동과 무사안일의 대명사가 되었다. 성과급과 승진제도 등 인사혁신을 제안해 봐도 딱히 눈에 보이는 변화를 체감하기 어렵다. 젊은 층을 중심으로 확산되고 있는 워라벨(일과 생활의 조화)의 일상화는 공조직에서의 도전과 혁신을 더 어렵게 하는 걸림돌이 되고 있다. 설거지를 하다가 접시를 깨는 행위는 감사를 면책한다는 원칙을 내걸어도 실상은 기존의 관행과 벗어난 업무처리는 감사받기 딱 좋다. 언론이나 정치권의 지적을 받는 날이면 감사와 징계는 피하기 어렵다는 것을 확신하게 된다[48]. 이러니 현실적으로 공무원의 복지부동은 그 공무원 입장에서는 살아남

48) 공무원이 적극 행정을 펼치기 힘든 환경적인 요소들이 많다. 교육행정의 경우에 특정 학교에 혜택을 주는 적극 행정을 하게 되면, 그 지원을 받지 못한 다른 학교의 불만의 대상이 되기 쉽다. 선례구속의 원칙, 또는 금반언의 원칙 등 과거부터 내려오던 정책기준을 새 환경에 맞춰 변화하기도 어렵다. 기준을 변경하는 순간 기존에 기준을 적용받았던 정책 대상과 형평성 논란에 빠질 개연성이 높기 때문이다. 조직의 최고책임자나 관리자는 실무 공무원이 적극 행정을 추진하는 과정에서 발생하는 잡음을 소화시켜 주는 소방관의 역할을 해야 하는데, 실제로는 외부의 압력을 막아주지 못해 부채질하는 상관이 많아 공무원의 복지부동 현상이 나타나는 하나의 원인이 된다.

기 위한 합리적인 선택의 결과라고 할 수 있다. 결과적으로 여간해서는 공무원을 혁신의 장으로 끌어내기란 쉽지 않다. 해 저무니 염소를 집으로 끌고 내려오는 소년의 마음이 급하나 그 고집을 꺾기란 난제이다. 억지로 끌어내리니 염소의 힘찬 네 발은 미동조차 하지 않고 땅바닥에서 먼지를 내며 겨우 이동할 뿐이다. 행정개혁이 딱 이렇다.

글로벌 국가 간의 경쟁 : 기피 일자리와 외국인 근로자

우리 사회의 저출생·고령화 현상은 급기야 근로자를 해외에서 충원하는 지경에 이르렀다. 세계화 시대에 다국적 다문화는 어쩌면 자연스럽게 받아들여야 하는 운명과 같은 것이다. 선진국이라는 우리나라가 어렵고 힘들고 위험한 작업에 우리 근로자를 고용하지 못하는 현실이 안타깝다[49]. 충분한 임금과 보상이 따르지 않으니 그 일을 기피한 결과다. 선진국에 걸맞게 땀 흘려 일하는 노동의 가치를 존중하고 대접해주는 문화를 정착해야 한다. 고부가가치 산업으로 국가 사회의 파이를 키워 육체 근로자에게 충분한 보상을 해줘야 한다.

선진국은 사람을 존중하며 노동을 귀하여 대접하는 사회다. 제약과 설계 등 높은 부가가치를 선도하는 국가는 다른 나라의 부와 자원을 끌어들이는 구조를 가지게 된다. 우리나라가 선박 제조를 수주해도 큰 이윤을 남기지 못하는 까닭은 이 분야에 앞선 설계와 기술을 가진 나라에 지불하는 비용이 크기 때문이다. 인건비를 절약해서 겨우 이윤을 남기는 구조라면 힘든 일을 해도 근로자와 회사는 임금과 이윤을 만족하기 어렵게 된다. 산업의 원천 기술을 가져야 안정적으로 경제적인 부를 확보하게 되어 진정한 의미의 선진국이 될 수 있다. 이에 구성원도 인간을 존중하는 의식과 문화를 가져야 한다.

---

49) 주요 선진국은 제약, 설계 등 핵심기술을 보유하고 있다. 우리나라가 선박을 수주하더라도 상당액을 설계비 등으로 기술선진국에게 지불하여야 한다. 나머지 돈으로 인건비 등을 지급하고 기업의 이윤을 확보하려면 인건비를 덤핑하는 등 노동자의 가치에 상응하는 임금을 보장하기 어렵게 된다. 저임금 구조는 외국인 근로자를 고용하는 원인이 되기도 한다. 선진국은 기술 수출로 외화가 유입되므로, 자국의 근로자에게 높은 임금을 지급할 수가 있게 된다. 선진국이란 사람을 귀하게 대접하는 국가라고 생각한다.

국제기구와 아프리카국가 : 국가 다수결 원칙과 소수자 지배 현실[50)]

국제기구에서 아프리카 국가의 약진이 거세다. 대륙별로 나눠보면 아프리카 국가의 투표수가 무시할 수 없고 강력하다. 유엔을 비롯한 국제기구에서 아프리카 출신이 약진하는 것도 투표수와 무관하지 않다. 합리적으로만 사유해 보면, 자본주의가 정치적 민주주의와 결합한 현대사회에서 노동자 계층이 그 이익을 대변하는 후보를 선출할 개연성이 높은데도, 현실은 정치적으로 세습하거나 기득권층이 선출되고 있으니 아이러니이다.

미헬스(Michels)의 과두체의 철칙이 정치공동체 구성에도 적용된다고 할 것이다. 소수가 다수를 지배하는 것은 역사적 진리이다. 군주나 소수의 귀족계급이 다수의 백성을 지배해 왔다. 반면 사회 갈등론자는 권력을 쥔 소수가 다수를 지배하고 억압하는 구조가 인간 사회에 등장하는 것은 그 집단이 문화, 교육, 기술을 독점하고 지배하는 데 효과적으로 활용한 결과라는 데 주목하고 있다. 즉 지배계급은 스크린, 성문화, 스포츠 등에 노동자의 관심을 돌려 사회 문제를 의식적으로 인식할 틈을 주지 않으려고 한다는 것이다. 자본과 기술이 부족한 노동자는 공장주가 지급하는 임금에 의존하여 생계를 유지할 수밖에 없어 자본의 힘과 논리에 끌려가게 된다는 것이다. 교육제도도 마찬가지다. 기능주의자는 교육은 사회화의 기제로 보고, 교육을 통한 계층 간의 이동과 신분 상승이라는 긍정적인 측면을, 갈등론자는 교육이야말로 자본가 계층이 노동자 계층을 억압하고 조정하는 장치의 하나라고 본다. 갈등론자는 교육 현장에서 이루어지는 칭찬은 현 시스템을 인정하고 고착화하는 기능을 한다는 것이다. 인내하고 양보하며 겸손을 미덕으로 하는 훈육은 기존의 질서를 순종하고 따르며 복종하게 만든다. 법과 질서의 근원과 정당성에 관한 질문을 하지 못하고 그대로 답습하도록 하면서 사회에 순종적인 인간상을 재생산하게 된다는 것이다.

국민적 기대와 열망을 품고 도전했던 부산 엑스포 유치는 실패로 결정이 났지만, 유치 과정을 통해 대한민국과 부산을 전 세계에 알려 국격을 높였다는 점은 부인할 수 없을 것이다. 냉엄한 국제 사회의 경향을 정확하게 파악하지 못하고 우리에게 유리한 환상을 가지고 헛된 도전을 한 잘못도 성찰해야 한다. 잘못 설정한 목표를 가장 효율적으로 달성하는 소위 제3종 오류로 귀결되어 확정 편향을 가지는 것은 위험하다. 정부의 정책 결정이 상황 판단의 잘못에서 시작한다면 그 낭비와 비효율은 오로

---

50) 독자는 저자의 생각 흐름에 따르는 오류를 주의해야 한다. 글을 독자의 관점에서 재해석하여야 한다.

지 국민의 몫이라는 데 심각한 문제가 있다. 공공의 문제를 해결하는 공무원이라면 첫 출발점인 문제의 인식 단계에서부터 객관성과 중립성을 가지는데 남다른 정성을 쏟아야만 한다.

공공서비스에 대한 고마움

공공재는 -사유재와 달리- 수요곡선을 종으로 합하는 개념이다. 공공기관이 제공하는 서비스는 다양한 차원으로 분류한다. 전파법과 방송법에서의 주파수 할당정책과 제도가 배분적, 규제적 서비스의 사례가 되는데, 정부가 주파수 할당을 승인해주고 그에 상응하는 대가를 받아 정부의 재정의 수입으로 한다. 주파수를 할당하는 정책은 외관상 배분적인 서비스로 보이지만 승인이라는 행정행위를 통해 규제적인 속성도 가진다는데 주의해야 한다. 이처럼 정부가 제공하는 공공서비스의 성격은 다중적인 경우가 많다. 규제적, 배분적으로 구분하는 실익은 분류기준의 속성에 있다. 정부와 수혜자 간의 관계의 구조와 모습이 서로 다르다는 것이다. 보호적 서비스인 경찰, 국방, 소방 등의 서비스는 인권 침해적 요소가 가미되므로 헌법상의 비례의 원칙을 유의해야 한다. 경제적인 측면에서 국가가 존속하는 근거를 유용성의 관점에서 설명할 수 있다. 공공서비스를 소비하는 주민은 공공서비스 이용에 따르는 소액의 세금을 납부하는 것으로 족하다는 것이다. 개인이 보안 서비스를 구매하는 데 드는 비용보다도 훨씬 적은 세금을 부담하면 경찰 등 공공서비스를 활용할 수 있으므로 개인이 공공서비스를 활용하는데 비용편익의 측면에서도 유용하다는 것이다. 즉 인간이 공동체를 형성하면서 서로 협력하고 살아가는 것은 개인에게 유익하고도 감사해야 할 일이다. 감사하는 건, 세상을 사랑하는 첫걸음이자 부싯돌의 불과 같다. 자신을 힘들게 가두거나 몰아세우는 건 세상에 부정을 발산하는 원인이 되므로 지양해야 한다. 이해되지 않는 책을 앞에 두고 씨름하는 것도 좋지 않다. 이왕이면 이해하기 쉽고 자신에게 자신감을 불어 넣어 주는 말과 글과 친숙해야 성장에도 좋다. 몸이 피곤하면 잠을 많이 자게 되어 운동이 부족하게 된다. 역설적으로 몸을 잘 관리하면서 적정한 운동으로 피로를 긍정적으로 풀어주는 행위는 혈관 건강과 혈류 유지에도 큰 도움이 된다. 자신을 잃어버릴 정도로 외부의 네트워크를 만들어가는 건 바람직하지 않다. 조금 정리하면서 오롯이 자신에게 집중하면서 즐길 수 있는 관계 유지와 형성이 필요하다. 오늘의 이 감사함을 지속하기 위하여 하루하루 연습과 운동과 준비가 필요하다. 감사와 고마움으로 채우는 일상이 소중하다.

지도자(리더)의 조건

현대 사회에서 리더란 구성원들에게 영향력을 행사해서 그 구성원들이 목표를 성취하도록 도움을 주는 사람을 말한다. 현대는 조직화의 정도와 수준이 높은 조직사회다. 정부 조직과 민간기업 그리고 학교도 효율성을 확보하기 위하여 조직화되었고, 그 규모의 확장으로 관료제적 성격으로 변하고 있다. 독일의 사회학자 막스 베버는 관료제는 사회의 합리성이 증가한 결과로서의 이상형(ideal type)으로 보았다. 비정의성(impersonalism)을 최고 속성으로 하는 관료제는 정보화가 진행되면서 그 계층 구조가 수평적·유연적인 요소가 자라고 있으나, 조직의 효율성을 높이는 데는 관료제를 대체할 만한 모형은 아직까지 나타나고 있지 않다. 관료제에서의 상관과 부하의 관계는 규칙으로 설정되어, 영향력의 행사와 기대하는 구성원의 활동 등을 예측할 수 있게 된다.

한편 리더는 그 활동이 제한되고 방향 지어진 규정과 형식의 틀을 깨고 새로운 도전과 창조를 하는 사람이다. 따라서 조직의 상관이 반드시 리더가 되는 것은 아니다. 영향력의 내용에 따라 부하직원이 상관에 대하여 리더십을 행사할 수도 있다는 것이다. 대부분 역사상의 위인들이 리더의 범주에 속하게 된다.

마이크로소프트사의 빌 게이츠는 아프리카 소아의 소아마비 백신 연구를 위한 지원과 활동으로 아동의 소아마비를 없앴다. 리더란 사명과 목표를 스스로 발견하고 그 해결을 위한 방법과 활동을 스스로 또는 타인의 도움을 활용하여 목표를 달성하는 사람이다. 현대 사회에서의 리더는 문제 해결의 기능적인 측면에 초점을 맞추는 경향이 있다.

고대 플라톤은 정의와 도덕이 충돌하는 딜레마적 상황에서도 진리를 발견하여 제시할 수 있는 사람이 지도자가 되어야 한다고 보았다. 상황에 따라서 딜레마의 모습이 변화무쌍하므로, 플라톤은 다양한 상황 변화에도 변하지 않는 이데아를 아는 사람이 공동체의 리더가 되어야 한다고 주장했다. 이처럼 리더가 되려면 고유한 리더만의 특성을 지녀야 한다는 것이다.

신언서판을 강조한 우리의 선조들도 이러한 입장에 가깝다고 하겠다. 뛰어난 외모와 명석한 지능, 그리고 튼튼한 체력과 풍부한 감성과 인내심 및 이해력들이 리더가 지녀야 할 속성들이라는 것이다. 인간의 특성에 중점을 두고 리더를 정의하게 되면 자칫 비범한 초인적인 능력을 내세우는 카리스마적 리더십의 모습으로 빠지기 쉽다.

현대 리더십 이론은 행동을 측정하는 데 관심을 가진다. 리더의 행동이 과업 지향적인지 아니면 인간을 지원하는 유형인지를 살펴보고 리더를 정의하는 방식은 측정 가능한 실증적이고 계량적인 접근방법이라는 장점을 가진다. 나아가 조직을 환경과의 주고받기를 통한 개방시스템으로 간주하게 되면서 리더십도 상황에 따라 그 모습과 역할도 달라야 한다는 주장이 제기되었다. 상황 변수로는 구성원의 지식과 기술 및 열정, 업무 구조화 정도, 리더의 권한 여부, 리더와 구성원의 관계의 좋거나 나쁜 정도들이 제시되고 있다. 조직 내의 관리자는 자신의 선호에 따라 그 직원을 구분하고 내집단과 외집단으로 나눠 차별하기도 한다. 친밀한 직원에게는 자신만의 암묵지[51] (노하우)을 알려주고 승진과 보상에 혜택을 주면서 업무를 선택적으로 몰아주기도 한다. 리더의 교환에 관심을 두는 연구자들이 주장하고 있으나 진정한 리더의 모습과는 거리가 멀고, 조직 내 관리자의 유형의 하나로 간주하면 족하다고 하겠다. 분명한 것은 과거의 리더는 구성원에 앞장서서 결정하고 이끌어 나가는 모습이었다고 한다면, 이제는 구성원의 선호와 기대를 읽고 그에 적합하게 지원하고 지지하는 것으로 변했다는 것이다.

51) 조직에서 규칙, 내규 등 조직 활동을 명백하게 드러내는 것들을 현재지라고 한다. 이와 달리 도제기술 전수 등 문서 또는 공식화하기 힘들어 드러나지 않게 조직 생산성에 영향을 미치는 요인들을 암묵지라고 한다.

리더십의 변화

고정된 실체가 없고, 만물이 변하듯이, 행정이론도 시대에 적합하게 변해간다. 조직 내에서의 지도자와 구성원 간의 관계도 환경에 따라 변해왔다. 전통적으로 지도자(leader)는 앞서서 나아가며 지휘하는 역할로 부하를 지도하면서 목표달성의 경로로 이끌었다. 지도자는 상대적으로 경험과 지식이 앞서고 때로는 비범하고 신비감으로 무장된 카리스마를 보여주기도 하였다. 그러나 정보기술의 발달은 리더와 부하의 수직적인 상명하복의 관계 구조를 깨어버렸다. 리더가 과거에 경험한 지식은 무대가 바뀐 현대사회에서 적실성을 상실하고 말았다. 중년층의 관리자가 청년에게 지식을 구하는 역전 현상이 나타나고 있다. 조직의 신규자가 신기술에 발 빠르게 대응하는 능력이 더 앞서기 때문이다. 이제 리더는 직위의 높고 낮음에서 찾으면 안 되는 시대가 되었다.

리더는 지식과 기술을 겸비하고서도 따뜻한 감성까지도 가져야 한다. 목표를 확인하고 전략을 수립하여 구성원의 행동을 목표 달성으로 모아가는 데 그치지 않고, 설득하고 설득당하면서 조직의 활동과 의미를 공유해야 한다. 지휘와 명령과 달리 설득은 타인을 인정하고 존중하며 응답하고 반기는 과정이 선행되어야 가능하다. 좋은 인간관계를 구축한 기반에서 말이 따라야 그 말에 힘이 있어 상대가 수용하고 행동하는 데 원동력이 된다. 과거에 결점을 보완하는 패러다임에서 장점을 증폭시켜 결점을 덮어버리는 관점으로 전환해야 한다. 인간은 확증편향의 성향이 있어서 타인을 진정으로 이해하기란 애초에 한계가 있다는 점을 유념해야 한다. 이래저래 리더도 피곤해 못하겠다는 푸념을 하는 시대다. 승진도 싫고 인정도 중요치 않으니 자신의 워라벨(일과 삶의 균형, work life balance)을 보장해 달라는 청년들의 절규가 시대상의 일면을 보여주고 있다.

돈의 지출에 관한 사유

행정학 전공과목으로 재무행정론이 있다. 한 해 동안의 정부의 활동을 재정 계획으로 표현한 예산의 편성 및 집행과정과 내용, 그리고 그 제도와 원칙을 배우게 된다. 자본주의와 조직화된 현대사회에서 경제주체인 가계, 기업, 정부는 그들 나름의 활동을 계획한다. 화폐경제 하에서 목적을 달성하기 위한 수단과 활동은 돈이 있어야 한다. 그 돈을 어떻게 조달하고 효율적이고 합리적인 방법으로 집행할 것인가를 기록한 문서를 예산서라고 한다. 예산을 작성하는 방법으로 가장 기본이 되는 제도는 품목별로 분류하는 품목별 예산이다. 인건비, 물건비 식으로 지출 항목별로 표현하는 품목별 예산제도는 예산이 지향하는 목표를 파악하기 어렵다는 한계를 가진다.

성과주의 예산제도는 단위사업과 단가를 표기하고, 집행 후에 단기적인 목표달성 정도에 관한 정보를 제공하게 된다. 관리측면을 반영한 예산제도라고 한다. 중장기 계획에 따른 예측 가능한 행정을 요청하는 시대적 요구에 따라 대두된 예산제도로 계획예산제도(PPBS)가 있다. 기획 프로그램 예산 시스템으로 미국의 맥나마라 국방장관이 최초로 제안하였고, 1960년대 존슨 대통령이 도입한 제도다. 미국에서는 10년 정도 시행되다가 폐지되었으나, 우리나라는 품목별 제도와 성과주의 제도와 함께 적용되고 있는 예산제도다.

이처럼 시대의 변화와 요구에 따라 그에 적합한 제도들이 취사선택 되면서 예산 제도의 개혁이 있어 왔다. 앞으로도 경제와 사회 상황 변화에 따라 개혁적인 제도는 지속적으로 탄생하게 될 것이다. 사회과학도 자연과학의 연구 방법을 도입하고자 하지만, 인간 행동과 욕구를 분석대상으로 하므로 그 이해를 위해서는 실증주의 방법에 병행하여 현상학과 해석학의 기법도 적용하게 된다. 역사적이고 계보학적 방법으로 경제사회의 맥락을 무시할 수 없다.

사회과학의 질문에 응답하기 위해서는 질문에 관련한 이미지와 표상을 기억해둬야 한다. 교과서의 글과 문자를 그 자체로 암기하고, 그대로 답안을 작성하려고 한다면 기억의 백지상태에 빠져 한자도 써 내려가지 못하는 경우도 생긴다. 문자를 읽으면서 반드시 표상의 이미지를 오성의 분류 틀에 찍어 두고, 그 표상을 회상하면서 자신의 언어와 문자로 기술해야 한다. 먼저 상을 볼 수 있어야 그 이미지를 문자로 표현할 수가 있게 된다. 경험이 쌓이고 인생의 시간이 지나면 자연스레 터득하게 될 것들을 청춘에게 미리 알려주고 연습하길 권유하는 것이 지혜로운 안내인지는 확신하기 어렵다. 분명한 것은 젊은 날의 고난을 성장의 거름과 기회로 삼았으면 한다. 자기충족적 예언으로 자신에게 긍정과 자신감을 불어 넣어줘야 한다. 공부와 학습 과정은 자존감을 높이는 연습의 하나로 인생에서 자기의 소중한 가치를 인식하는 과정이어야 한다.

2. 경제 정책

자본주의의 어둠 : 견물생심

자본주의 사회는 소비와 경쟁을 부추기며 그 몸짓을 키워간다. 인간은 감성에 따라 행동하는 경향이 있어 이성으로도 제어하지 못하는 구석이 있다. 상대적 빈곤으로 행복의 감정이 깨지듯이 비교하는 데서 질투와 불안이 싹튼다. 꼭 필요한 물건이 아닌데도 타인이나 사회가 가지도록 유도하는데 쉽게 유혹당하고 만다. 곳간에 채워둬야만 든든하다. 사용하지 않아 폐기물이 될지언정 없으면 뒤지는 기분에 불편하다. 화폐경제에서 돈은 모든 사물과 가치를 비교하고 평가하는 척도가 된다. 연인 간의 사랑으로 주고받는 선물의 시장가격으로 사랑의 양을 측정하려 드니 씁쓸한 세태다. 노동의 가치도 연봉 수준에 따라 연동되니까 인간의 전인적인 숭고한 존중을 찾아보기 어렵다. 부족함이 없고 넘치는 풍요 속에서도 늘 목말라하는 우리는 언제나 철들지 모르겠다. 천진난만한 장난꾸러기 감정을 이성이 합리적인 잣대로 잘 관리해야 한다. 그렇다고 의식이 무의식을 억압하여 감정이 상처받아서는 아니 된다. 이성과 감성, 합리성과 비합리성의 균형과 조화를 찾는 안목을 키워야 한다.

분업과 전문화

빛이 밝을수록 그림자가 짙게 드리우는 법이다. 기계화와 산업화로 진행된 자본주의는 분업과 노동의 전문성을 통해 생산량을 증가하게 되면서 그 발전의 정도를 더했다. 국부론에서 아담 스미스는 바늘을 만드는 사례로 사람들이 역할을 분담하여 생산량을 획기적으로 증가시킨 현상을 설명하고 있다. 근대의 이성주의와 합리주의는 인간의 계획된 행동과 조직화를 통해 발전할 것이라는 희망찬 믿음에 기반하고 있었다. 이성의 진보와 합리성의 증가로 인간의 행복을 증대시켜 줄 것이라는 환상은 세계대전과 경제 대공황 등 위기를 경험하면서 회의적으로 변해갔다. 규모의 경제를 핑계로 조직은 그 몸집을 키워가면서 현대인은 거대 조직의 부속품으로 전락하고 말았다. 전인적이고 인본주의적인 인간으로서 대우받지 못하고 컨베이어 벨트 공정의 한 부분의 역할을 반복적으로 수행하는 기계처럼 도구화되어 버렸다. 자급자족 시대에 가졌던 인간의 고유한 기술은 전문가에게 모두 빼앗겨 버려, 개인은 어느 하나의 물건을 온전하게 만들지 못하고 부속품만을 생산하는 부분의 존재로 남게 되었다. 전체 공정에 관한 경험과 지식을 습득하지 못했으므로 평생을 한 직장에서 근무하고 퇴직하더라도 사회에 필요한 일을 제대로 수행하지 못한다. 부분의 역할만 담당했으므로 조직을 떠난 개인은 어항을 벗어난 물고기와 같은 처지에 놓인다. 조직을 떠나서는 할 수 있는 일이 없어 제대로 된 대우를 받을 수 없다는 것을 본능적으로 느끼면서 조직인은 어떻게 해서든 조직에서 살아남으려고 안간힘을 쓰게 된다. 경제적 자본주의와 정치적 민주주의가 결합하면, 자본주의 사회에서 다수를 차지하는 노동자가 소수자인 자본가를 다수결 투표 원칙에 따라 지배하게 되는 것이 논리적으로는 당연할 것이다. 그러나 현실은 정반대다. 미첼스(Michels)가 지적한 과두제의 철칙이 작동하고 있는 것이다. 깊이 사유해 보면, 과두제의 철칙이 현실에서 통용되는 까닭은 효율적인 소수가 흩어진 다수를 지배하기에 유리하기 때문일 것이다. 사회 내에서 힘과 권력을 가진 집단이 관료제도와 교육제도 등 사회의 구조와 문화를 유리하게 적용한 결과일 것이다. 살아있는 유기체인 조직은 끊임없이 조직 내 사람을 교체하면서 그 역량을 키워나간다. 음식을 먹고 배설하는 유기체처럼 조직은 항상 새로운 자원과 사람을 환경으로부터 받아들이면서 용도가 폐기되면 가차 없이 내 버린다. 그러니 개인은 조직을 떠나서는 살 수 없으므로 조직에 더 순종하고 맹종하게 된다. 거대한 조직에 맞서 싸울 엄두를 내지 못한다. 조직의 명령이라면 중세기 신의 예언과 동등한 가치를 가질 정도다. 전문화된 현대사회의 빛에 드리워진 짙은 그림자를 경험한다.

자본주의와 인간

인간이 필요한 물건을 스스로 자연에서 구하다가 교환하면서 사람들과 관계 맺음의 빈도와 정도가 깊어지게 된다. 관계와 거래의 효율을 추구하게 되면서 돈을 교환의 매체로 활용한 화폐경제로 전환되었다. 자본주의는 화폐경제를 기반으로 태동하였으나, 자본과 잉여 이익을 추구하고 인정하는 시스템이라는 점에서 단순한 물물교환 경제와는 구분된다. 아담 스미스는 국부론에서 제빵사의 이익을 추구하는 행위가 자신이 맛있는 아침 빵을 즐기게 되는 결과로 이어진다고 역설하였다. 손님에게 맛있는 빵을 제공하려는 이타심이 아니라 그의 이기심이 시장이라는 보이지 않는 손에 의해 효율적인 자원배분에 성공하게 된다는 것이다. 나아가 분업화로 생산량의 증가를 가져오는 현상을 바늘을 생산하는 사례를 들어 자세하게 설명하고 있다. 이처럼 자본주의는 계몽주의와 이성주의를 통해 자라난 자유주의 정신을 배경으로 시장 경제 체제를 운용하는 대표하는 이념으로 확실하게 자리를 차지하게 되었다. 인간 이성의 발달은 주체로서의 인간 자율성을 증대하면서 기계와 산업 그리고 과학의 발전으로 정치적 민주주의와 사회경제적인 풍요로움을 인류에게 선사하게 될 것이라는 낙관적인 전망에 누구도 의심을 제기하지 못했다. 산업화 초기의 아동 근로와 긴 노동 시간으로 인한 노동자의 열악한 근로조건과 환경은 기업의 이윤이 커지면 자연스럽게 해소될 잠정적인 문제로 치부하였다. 이성과 자본주의에 대한 낙관적인 전망은 20세기에 들어서면서 회의적으로 전환된다. 1929년도의 경제 대공황, 나치즘 그리고 제1차 및 제2차 세계대전과 핵무기의 사용은 인간 이성의 지속적이고 단선적인 발전 가설에 의문을 제기하게 되는 계기가 되었다. 시장가격 기구가 제대로 작동하지 못하고 재고와 실업이 만연하는 시장실패를 경험한 인류는 국가의 시장개입과 계획경제를 정당화하는 케인즈의 이론을 바탕으로 다시 한번 경제 도약에 나선다. 소련의 붕괴는 자본주의의 공산주의에 대한 이념 승리로 보였고, 1970년대의 두 번에 걸친 오일쇼크는 정부의 계획 경제를 재조명하는 계기가 되었다. 신자유주의로 이름 지어진 현대 사회에서 그동안 비대해진 정부의 역할은 민영화와 시장화로 다시 가격 기구를 경제 사회의 자원배분의 기준으로 도입하게 되었다. 초기의 순수 자본주의의 모습은 수정 자본주의와 복지와 급부를 중요시하는 국가의 역할 변화로 바뀌었다. 자본주의와 사회주의가 수렴하는 모습을 보이면서 중용의 덕을 실현하는 방향으로 진전하게 되는지를 관심 있게 두고 봐야 할 것이다.

정신과 물질

베버는 중국보다 상대적으로 발전이 뒤처진 유럽에서, 유럽국가들 중에서도 구교를 믿는 국가보다 개신교의 믿음이 발달했던 국가를 중심으로 자본주의가 발달하게 된 원인을 고찰하고자 하였다. 이러한 연구를 통해 프로테스탄티즘과 자본주의 정신은 개신교[52]도의 정신과 인식이 자본주의 발전의 원동력이 되었다는 사실을 밝혀냈다. 반면에, 마르크스는 자본론을 중심으로 한 그의 저술에서 물질과 경제의 하부구조가 법과 정신을 포함한 상부구조를 결정한다는 경제결정론을 주장하였다. 즉 베버가 인간의 정신을 강조했다면, 마르크스는 물질을 우선시했다는 점에서 대비된다. 물질은 시각과 촉각으로 느낄 수 있어 객관

52) 종교 개혁 이후의 기독교

적으로 측정 가능한 대상으로 간주 된다. 이에 반해 정신은 직접적으로 관찰할 수 없는 주관적인 영역이다.

과학은 관찰 가능한 대상을 연구하는 학문이므로, 물질이 과학의 일차적인 연구대상이 된다. 철학의 영역에서는 존재론과 인식론으로 물질과 정신을 구분해 볼 수 있다. 철학연구도 객관적인 사실을 존재론적으로 파악하던 것에서 출발하여 인간의 인식과 감각으로 인식하고 해석하는 인식론으로 발전하였다. 관찰 가능한 물질도 고정된 실체가 아니라는 것이다. 자연의 물질은 끊임없이 변화하므로 그 대상의 본질을 정확하게 꿰뚫어 알기란 쉽지 않다. 플라톤의 동굴의 비유에서도 진실을 의미하는 이데아의 세계는 동굴 속의 인간들이 자각하기란 거의 불가능에 가깝다. 동굴 속에는 이데아의 그림자 내지는 거짓된 현상만을 지각할 수 있으므로 동굴 속에서 살아가는 인간이 진리를 알고 접근하는 것은 불가능에 가깝다는 것이다.

근대의 인간은 이성에 눈을 뜨면서 이성의 힘으로 진보할 것이라는 믿음과 진실에 도달할 수 있다는 확신을 가지게 되었다. 정치적으로 인간의 존엄성, 자유주의와 인권 및 행복추구권을 보장하면서, 기술과 산업의 발전이 뒷받침된 시장과 경제의 발전 및 이를 통한 사회적인 다양성과 개인의 합리성의 증가로 공동체가 진보하고 발전할 것이라고 보았다. 그렇지만 제1·2차 세계대전과 독재정권의 출현으로 이성과 진보에 관한 믿음은 산산조각이 나게 되었다.

뉴턴의 물리학과 아인슈타인의 상대성 이론 그리고 현대의 양자역학의 관점으로 자연과 세계를 바라보고 설명하는 방식이 변화되는 것처럼, 사회과학에서도 하나의 진리를 탐구하던 방식에서 탈피하여 다양한 현상을 연구하고 있다. 기존의 과학에서의 엄격한 논리실증주의를 해체하고, 현상 그 자체를 가감 없이 드러내 보이는 포스트모더니즘이 펼쳐지고 있다. 물질과 정신을 이분법적으로 구분하는 전통적인 사고와 연구는 이성과 의식이 감정과 무의식보다 나은 것으로 간주하여 왔다. 포스트모더니즘은 그동안 이성에 억압받아 온 감정을 인정하고 드러내고, 의식에 갇힌 무의식을 보여주려고 한다. 남성과 여성으로 나누는 사고는 간(중간)성이라는 제3의 성을 개념화하면서 그 틀을 해체하고 확장하려고 시도한다. 진실과 거짓, 주관과 객관, 보이는 것과 보이지 않는 것, 의식과 무의식 등 양 극단점을 기준으로 두는 관점으로는 파악하지 못하고 놓쳐버리는 것들이 있게 된다[53].

---

53) 인체의 몸과 마음은 구분되는 개념이지만, 몸과 마음은 연결되어 상호작용을 하고 있다.

세상 만물이 변하므로 물질과 정신도 변하면서 해체하고 또 모이는 이합집산을 반복하게 되므로, 물질과 정신을 구분하는 과거의 전통도 현대의 꿈(환상)과 현실의 혼재하는 시대에는 상대적으로 보게 될 것이다.

경제

세계 국가들은 인플레이션(물가상승, inflation)으로 몸살을 앓고 있다. 코로나19를 극복하는 과정에서 통화(화폐)를 완화하는 금융(확대)정책을 시행했기 때문이다. 시중에 돈이 많이 풀렸으니 화폐가치가 떨어지게 되는 것이다. 인플레이션을 잡기 위해 금리를 인상해 봐도, 한 번 인상된 물가를 되돌리기란 쉬운 일이 아니다[54]. 돈이 마땅한 투자처를 찾지 못하고 부동산이나 실물 투기로 몰리게 되면 경제가 왜곡된다. 인구는 줄어들고 있는데, 주택 등 부동산 가격은 하늘 높은 줄 모르고, 오르고 나서는 사람들이 가늠하는 합리적인 가격 수준으로 조정되지 않고 있다. 이성을 통한 합리적인 사유로는 도저히 이해하기 어려운 현상이다. 투기꾼들은 교묘하게 부추긴다. 주택가격이 높아 일반 임금 근로자로서는 구매는 엄두가 나지 않는다. 저출생과 욜로(YOLO)족, 그리고 결혼을 기피하는 풍조는 높은 부동산 가격도 일조하고 있다. 물가상승의 피해는 고스란히 국민들 몫이다. 지속적으로 인플레이션이 진행되면 화폐가치가 급속하게 하락하게 되고, 경제불황과 겹쳐 스태그플레이션(stagflation)이 지속된다면, 국가는 신뢰를 상실하게 되어 국가 경제부도 상황으로 치닫게 된다. 1달러, 1유로, 1프랑이 가치 있게 대접받는 나라가 선진국이다. 일 원 동전을 찾기 어렵고 10원이 길에 떨어져도 줍지 않을 만큼 원화가치의 하락은 이미 진행되고 있다. 혹자는 오만 원 권의 발행으로 인플레이션을 자극했다고 주장하지만, 스위스는 1,000 스위스 프랑을 찍어내고 있다는 사실이 그 주장의 설득력을 떨어뜨린다. 한 국가의 화폐가치는 그 나라의 산업과 기술발전과 밀접한 상관성을 가진다. 부가가치 높은 산업을 육성하여 국가의 부를 높이는데 다시 한번 우리 모두 정진할 때다.

---

54) 인간은 상품거래와 임금수준 등을 평가하는 데 있어서 물가를 고려한 실질가격보다 명목가격을 더 중요시하는 경향이 있다. 일종의 화폐환상(money illusion)이다. 또한 케인즈는 유동성 함정(이자율이 매우 낮아져서 사람들이 현금(유동성)을 금융상품자산보다 선호하는 현상)이 하방경직성(통화 공급을 늘려도 금리에 영향을 미치지 못하는 상태: 화폐수요의 이자율 탄력성이 무한대)의 사례가 될 수 있다.

3. 사회정책

포스트모더니즘과 현대사회

1970년도 사회학자 험프리스(L. Humphreys)의 공중화장실에서의 비개인적 성행위에 관한 연구는 당시의 숨겨진 동성애 문제를 공론화하는 기폭제가 되었다. 성의 표출은 사회가 누르고 억압할수록 공연히 드러내 놓지 못하고 은밀하게 감추게 되고, 개인의 불만을 증폭시켜 사회의 안정에도 바람직하지 못하다는 시사를 준다. 이 연구 이후에 에이즈의 출현으로 사람들은 동성애 이슈에 관해 주목하게 되었고 급기야 2011년도 들어 UN에서 회원국들이 동성애를 합법화하도록 권고하기에 이르렀다. 유교의 전통문화를 이어받은 우리나라의 기성세대는 동성애와 같은 젠더이슈에 무관심하거나 반발하는 태도를 보인다. 그럼에도 불구하고 동성애자가 10만 명을 넘어서는 우리도 사회적 사실로 인정하게 될 전망이다. 눈감고 애써 무시할 단계는 넘어선 것으로 보인다. 사회는 동성애자 그리고 다문화와 장애인 등 소수자들을 구분하고 분리하여 차별적으로 대하면서, 억압하거나 무시하며 소외하기 쉽다. 다수에 속한다는 안도감과 소속감을 확실하게 느끼는 데는 소수자를 따돌려서 비난하는 방법이 가장 쉽고 효과적이기 때문이다. 이런 인간의 태도는 인간 본성에서 유래한 것인지에 관하여는 이견이 있다.

루소는 인간의 성선설을 주장하면서 자연으로 돌아가자고 설파했다. 선한 본성으로 태어난 인간이 사회계약을 통한 생활을 하게 되면서 사회제도의 불합리성으로 자연으로부터 멀어지게 되어 점점 선한 본성을 잃어 버렸다고 한다. 그렇다. 사회제도는 인위적으로 만든 법과 규율로 질서와 통제 구조를 행사하게 되고, 인간은 제도에 의하여 피동적으로 규제받게 된다. 이익을 앞세우는 이기적인 개인은 합리성을 명분으로 과도한 욕망을 실현하기 위하여 서로가 제도를 우회적인 악의 방향으로 활용하기 바쁘다. 사회는 위선과 거짓이 난무하는 일촉즉발의 팽팽한 긴장 상태에서 불안한 균형을 유지하고 있다. 사회제도가 인간을 악의 소굴로 인도하고 있다는 것이다. 루소는 노예제도를 비난하고 있는데, 노예로 태어난 그 노예는 노예계약을 그가 직접 하지 않았다는 것이다. 현대사회에서의 소수자로 구분되는 사람들도 현재 차별을 받고 있다면, 과거의 노예와 같은 취지에서 그 자신이 계약하지도 않은 제도(약속)에 따라 부당한 규제를 받고 있는 것으로 보아야 한다.

푸코는 현대사회를 규율사회로 정의하고 있다[55]. 촘촘한 규제와 통제로 국가 권력이 은밀하게 감시하면서 현대인은 자신이 자기를 끊임없이 단속하는 자기검열을 하는 처지로 전락하게 되었다고 한다. 주도권을 가진 권력의 패놉티콘(모두를 본다는 뜻) 감시망의 덫에서 한 발짝도 벗어나지 못하고, 자유를 박탈당해 기계적으로 살아가는 현대인에게 경종을 울리고 있다. 다수가 소수를 배척하고 억압하는 구조도 마찬가지다. 다수가 전체의사라는 명분으로 소수를 통제하는 권력을 행사하면서 소수자들은 그들의 자유로운 의사를 표현하지 못하고 왜곡하거나 감추어, 개인과 사회의 병리문제를 산출하는 씨앗이 되고 있다. 다수가 소수를 다른 존재로 구분하여 다르게 보이도록 만들어 타자화해서는 아니 된다. 오히려 타자가 있어서 완전한 자아의 형성이 가능하다는 관점의 전환이 절실하게 요구된다. 인간의 무의식은 권력을 가진 강한 타자를 감시의 타자로 자신에게 내면화하면서 순응의 태도로 억압하는 반면에, 소수의 약한 타자는 배제하고 소외로 억압하는 태도로 표출되기도 한다. 자본주의의 아버지라고 불리는 아담 스미스가 이기심과 보이지 않는 손으로 가격기구를 옹호하기 훨씬 이전에 그의 도덕 감정론에서 인간의 이타심을 중요하게 다루었다는 사실에 주목해야 한다. 인간은 차가운 이성에 앞서 타인을 불쌍히 여기는 측은지심의 성정을 가진 존재이다. 민주주의의 다수결의 원칙에도 소수자 보호의 원칙을 잊지 말아야 할 것이다. 소수자 보호는 현대 정보사회의 진전으로 더욱더 그 당위성을 인정받게 되었다. 개인과 개인이 컴퓨터와 사회네트워크(SNS)로 긴밀하게 연결된 사회에서는 소수자의 아픔이 즉각 사회 전체로 공유되어 확산되게 된다[56]. 과거에는 사람과 사람의 연결 수준이 낮아 물리적으로 구분 짓고 분리하여 소수자의 고통을 은폐시키는 것이 가능했다. 마치 시스템이론에서 병든 부품을 떼어내기라도 하듯이 말이다. 그러나 부분이 전체의 정보를 머금어 복제가 가능한 복제이론이 적용되는 시대에는 전체와 부분을 구분하는 실익이 없다. 부분이 병들면 전체도 아프게 되기에 힘든 소수자들의 어려움을 함께 풀어보는 지혜로운 길을 걸어야 한다.

---

55) 미셸 푸코 지음. 오생근 번역. 감시와 처벌: 감옥의 탄생. 서울: 나남. 1994.
56) 복제(clone)가 생물학적으로 가능해진 상황을 사회에 적용한 것이다.

진실 : 사이버 세상과 현실

2023년도 미국의 유명한 사전 출판사인 메리엄웹스터가 선정한 올해의 단어는 진짜의(authentic)이다. 진실하면 거짓을 떠올리게 되는데, 한 해의 단어로 진실이 선택되었다는 것은 그만큼 진실을 찾아보기 어려운 현 실태를 반영하는 것이다. 인공지능의 발전 속에 딥페이크(deep fake: 인공지능을 활용하여 인물의 이미지를 실제처럼 합성하는 기술)가 일상화되고 객관적인 사실과 진실이 더 이상 중요하게 다루어지지 않는 탈 진실(post-truth)시대의 모습을 반영한 것이다. 인간 세상에서 완전한 진실과 진리를 발견하기란 쉽지 않다. 인간이 완전하지 못한 것처럼, 인간이 만든 사회도 마찬가지이다.

사이버 세상이 보편화되면서 가상 세계가 현실을 대체하고 있고, 현실을 부정하는 초현실주의 현상까지도 나타나고 있다. 초현실(hyper-reality)은 우리 생활에 깊게 침투하여 낯설지 않게 되었다. 인터넷 게임에서 패배했다는 이유로-가상과 현실을 구분하지 못하고- 현실 세계에서 대면하고 다투는 것은 가상을 현실로 착각하고 있는 우리의 모습을 적나라하게 보여주는 것이다. 실제 생활이 힘들고 복잡하게 전개되면서 실제 세계로부터 도피하고자 하는 인간의 욕망과 디지털 기술이 결합하면, 환상의 세계를 구축하고 그 세계에 숨어 위안받는 사람들로 넘치게 될 것이다. 극심한 자본주의 사회에서 진실은 표상(representation)된 상품의 가치에 비할 것이 아니다. 거짓이 인간의 욕망을 충족시켜준다면 진실을 덮어도 상관하지 않는 것이 세태가 되었다.

게임

게임을 하다가 시간 가는 줄 모르고 꼬박 밤을 잊어버린 경험이 있을 것이다. 어른이 보기에는 한심한 노릇이지만 게임에 푹 빠진 아이에게는 더없이 소중한 순간들이다. 부분을 배우는 공부는 흥미를 유발하기에는 한계를 가진다. 게임은 이야기(스토리)가 있으니 이야기를 따라가는 재미가 있다. 이야기를 태생적으로 좋아하는 인간의 타고난 성향이 있다. 신화는 기승전결 연결이 되어 전체를 보여주므로 단편적이고 부분적인 지식만을 전달하는 과학에서 맛볼 수 없는 재미를 준다. 신화가 죽지 않고 구전을 통하여 면면히 이어 내려오는 힘이 이야기가 주는 교훈과 재미에 있을 것이다.

유용성을 중시하는 현대사회에서 인문학은 취직에 도움이 되지 않는다며 버림받고 있다. 교육기관(교육 공급자)들은 융합이라는 추세에 편승하여 취업에 유리한 학과들로 채우고 있다. 마치 관리하지 않은 들판에 잡초들이 무성하게 자라 그 들판을 덮어버리는 것처럼, 버림받은 순수학문의 자리를 실용적인 과정들이 우후죽순으로 메우고 있다[57]. 앞서가는 회사들은 그 간부급 임원들에게 인문학의 상상력을 겸비하기 위한 특별한 노력을 기울이도록 각종 제도를 두고 있다고 한다. 앞서가는 조직 또는 국가는 인간을 귀하게 여긴다. 평생을 컴퓨터 공학을 전공한 학자도 기계보다는 인간의 소중함을 역설하고 있다는 사실은 인문학이 자연과학과 사회과학의 발전과 동행해야 한다는 것이 진실에 가깝다는 점을 시사한다.

아날로그

빠르고 편리한 사회로 나날이 변하고 있다. 한평생 지난 과거를 회상하면 변화무쌍한 환경을 실감한다. 아날로그 시대에서 디지털 시대로 격변하는 현장을 사는 현 세대는 효율과 합리성의 가치를 무비판적으로 받아들이는 데 익숙해져 사회의 방향성에 대한 진지한 성찰을 못하고 변화를 따라가기에 급급하다. 신속하고 정확하면 좋겠지만 꼭 그런 것만도 아니다. 편리함에는 전통과 역사 지우기라는 인식하지 못하는 불편함이 숨어 있다. 버려야 할 잘못을 안고 갈 것까지는 없지만 변화에 묻혀서 소중한 가치를 잊어버리지는 않는지 돌아볼 일이다.

선진국이라는 프랑스와 일본은 인터넷 매장이 오프라인 매장과 상생하고 있다고 한다. 우리나라는 무선 인터넷 강국답게 인터넷 쇼핑과 뱅킹이 확산되고 있다[58]. 그만

---

57) 보험회사와 보험가입자의 정보비대칭현상에서 나타나는 역선택 현상을 소개한다. 건강하지 않은 사람이 보험에 가입하려는 유인이 크고, 건강한 사람은 보험 가입에 소극적일 확률이 높다. 이에 보험가입자의 보험료부담은 더 커지게 되고, 결과적으로 비싼 보험가입비를 부담해도 좋다고 판단할 사람(건강이 좋지 못할 확률이 높은 사람)이 상대적으로 더 많이 보험가입을 하게 된다는 것이다. 이처럼 자연 상태로 두면 사회(집단)에서는 빈익빈, 부익부 현상이 나타나기 쉽다.

58) 스위스의 국제기구에서 근무할 당시 경험에 따르면, 한국인들은 인터넷 뱅킹을 거침없이 사용하고 있었으나, 일본인은 원칙적으로 은행의 대면창구를 이용하고, ATM기도 제한적으로 이용하는 모습을 보였다. 은행이용 행태의 차이가 전통을 지켜나가는 성향의 차이에 따른 것인지는 명확하지 않다. 우리나라가 초고속인터넷망 서비스가 잘 갖춰지게 된 것은 높은 인구밀도에 따른 규모의 경제 효과도 작용한 것으로 보인다.

큼 우리는 변화를 두려워하지 않고 도전하는 데 익숙하다. 분단국가로서 늘 전쟁 등 불안에 노출된 환경 탓에 -현재의 불안을 미래의 불확실성과 교환- 미래의 두려움에 적극 대응하는 용기가 생기는 것일지도 모른다[59]. 세상살이에서 극단으로 쏠리게 되면 부작용이 나타날 확률이 높아진다. 너무 급속하게 디지털화하는 경우 해킹이나 정보격차(digital divide) 등의 문제에 쉽게 노출되게 될 것이다. 중용과 병행의 지혜는 아날로그와 디지털 시대에도 꼭 새기고 지켜나가야 할 덕목 중 하나이다.

정보화

전국 곳곳 행정복지센터 전산망이 마비되어 행정안전부가 조치 중이라고 한다. 삶의 곳곳에 진행된 정보화로 효율적이고 편리한 디지털 시대를 맞았다. 정부24 사이트를 통하면 초등학교의 졸업증명서도 해외에서 즉시 발급받을 수 있어 행정 정보화는 대국민 편이성을 획기적으로 높이는 계기가 되었다. 정보통신기술의 발달은 지식과 정보를 개인이 쉽게 접근하고 활용할 수 있는 기회를 제공하였다. 사회관계망(SNS)이 확산되면서 개인과 개인을 연결시켜주고, 사회의 의사를 효율적으로 집약하여 합리적인 의사결정에도 도움을 주게 되었다. 학생들도 챗봇(chat-bot)을 통한 자기 주도적인 학습을 하게 되면서 다양한 교육과정을 선택하는 등 학교 교육의 모습도 달라지고 있다. 정보화의 혜택을 통해 인간의 합리성이 증가하면서 과거의 카리스마(charisma, 초월적 힘)나 미신에 의한 비합리적인 인식의 껍데기를 벗어던지게 되었다. 카리스마의 세속화(secularization)와 일상화는 신비와 미신을 걷어내면서 가능하게 되었다. 세상에는 밝음이 있으면 그만큼의 어둠이 따르는 법이다.

정보화의 짙은 그림자는 세대 간의 정보 격차와 불평등을 낳고 있다. 식당이나 커피숍에서 사람이 제공하던 서비스를 지금은 키오스크(kiosk)가 자리하고 있다. 현금을 사용하는 데 익숙한 노년층에게는 괴물이 떡 버티고 있는 것과 같은 절벽을 경험하게 된다. 현금은 받지 아니하고 카드나 기계를 이용한 주문만을 고집하는 상점

59) 울프(Wolf)는 비시장실패의 요인으로 정치인의 높은 시간할인율을 든다. 즉 정치인이 권력과 지위를 점하고 있는 지금, 가능하면 많은 정책 사업을 추진하려고 한다는 것이다. 현재의 사업 가치를 높게 평가하고, 미래의 사업 가치를 낮게(할인)평가한다는 것이다. 마찬가지로 현재의 불안이 크게 받아들이게 되면, 현재의 시스템을 변화하는 데 따르는 위험(risk)확률을 상대적으로 낮게 평가하게 되어, 더 과감한 변화를 선택하게 된다는 것이다.

(cashless retail)에서는 돈을 가지고 있다 하더라도 음식이나 서비스를 포기하기 일쑤다. 정보 통신 기술의 활용에서 불평등한 구조로 세대 간의 차별과 억압이 일상화되고 있다. 젊은 세대 간에도 잘못된 정보화로 고통과 단절을 경험하기도 한다. 학교 학생의 일상에서도 따돌림의 문화와 구분하고 나누어 소외시키는 태도는 청소년의 자살 및 부적응을 부추기는 양상으로 전개되고 있다.

훌륭한 도구라도 그 목적과 기능에 맞게 사용해야 부작용이 없는 것이 자연의 이치다. 정보화가 아무리 좋은 결과를 확산시킨다고 하더라도 잘못된 사용과 지나치게 정보화 일변도로만 지향하는 사회는 그 내부적인 모순과 위험에 노출되어 부작용을 유발하게 된다. 인터넷 정보망으로 촘촘히 연결된 현대사회의 모습에서 편리함 속에 숨은 막연한 불편함을 지각하는 순간에는 섬뜩한 생각을 떨치기 어렵다. 만약 전쟁이나 알 수 없는 해커(hacker)의 공격을 막지 못하고 인터넷 뱅킹이나 국가 기간망의 교란이 발생한다면 그 부정적인 파급효과는 상상을 초월한다. 매달 한 번도 사용하지 않고 꼬박꼬박 기본요금을 납부하고 있는 -이동전화로 사용이 없는- 유선전화기와 거리의 유선 공중전화기를 보면, 정신없이 변하는 오늘을 반성하게 된다. 공중전화 서비스를 이용하려고 줄을 서서 기다리던 인간의 모습이 무선통신의 등장으로 바로 사라져 버렸다. 쓸쓸하게 작은 박스에서 고객을 기다리고 있으나 아무도 불러주지 않는 공중전화기는 천덕꾸러기 신세가 되었다.

변하는 환경에 적응하지 못하면 살아남기가 어렵다. 쉼 없는 변화에 따라가다가 인생에서의 중요한 가치를 잊어버리지는 않는지 가끔 돌아보고 성찰하는 자기만의 공간과 시간이 소중한 이유다.

노년과 행복

노인인구가 증가하면서 노령사회로 진입하였다. 곧 초고령 사회로 진입할 것이다. 저출생과 고령화는 우리 사회의 중요한 문제로 부상한 지 오래다. 인구 구조가 역 피라미드형으로 전환되면서 젊은층이 노인층을 부양해야 하는 사회경제적인 부담은 더 커지게 되었다.

노인층은 여러모로 취약하다. 기술의 변화에 발 빠르게 대응하지 못해 정보화된 사회 환경에 뒤처지기도 한다. 전통적인 가치로 살아온 탓에 자신이 소유한 재산의 상당한 분량을 자식의 교육과 지원으로 사용하기도 한다. 손에 쥔 재산도 많지 않고, 사회적으로 노인 복지와 연금 제도도 완전하지 않아 빈곤의 늪에 빠지기 쉽다. 부랴부랴 노인이 처한 현실을 자각하고, 자식과의 거리두기를 통해 가진 재산을 지키려는 인식이 고조되고는 있다. 일에 중독된, 아니 평생 일을 하지 않으면 먹고사는 문제를 해결할 수 없는 환경에서 자란 노년층은 실직이라도 하는 날이면 크게 상심하게 된다. 그러니 우리나라는 정년을 연장하는 데 큰 저항이 없고, 오히려 정년 연장을 반기는 분위기다. 서구 선진국에서 정년 연장 정책을 거부하는 것과는 천지차이다.

평생 일만 하다가 생을 마감하게 된다면 그 인생이 얼마나 행복할 것인가를 자문해보게 된다. 젊은 청춘에 열심히 일한 사람이 노년에 여생을 편안하게 관조하면서 유유자적하는 삶을 비난할 수는 없을 것이다. 세대 간의 역할 분담으로 사회는 조화로운 모습으로 발전해 나가야 한다. 노년에는 돈을 모으는 데 노력하기보다는 봉사하고 자신의 적성에 맞고 사회에도 기여하는 활동으로 만족감을 높여 나가는 데 우선순위를 두어야 한다. 젊을 때 조금 모아둔 자산이 있다면 그 자산을 활용하면서 보람된 자기의 가치를 발견하는 활동으로 인생을 성찰하는 기회를 가지는 것을 권한다.

교육행정정책 : 규제 벗어던져야 대학이 산다[60)]

학교 현장이 직면하고 있는 큰 물결이라면 학령인구 감소다. 의무교육과 무상교육으로 제도화된 초·중등 교육 현장에서 학급당 학생 수 감소는 맞춤형 교육을 시도하는 기회로 활용되기도 한다. 지방 대학을 중심으로 한 응시생 미달 사태는 당면한 사회의 위기다. 교육부가 추진한 대학혁신지원사업은 대학의 질적인 변화와 혁신을 통해 양적인 정원을 감축하려는 시도다.

정부 주도의 혁신이 한계에 직면하게 되자 자율적인 대학의 개혁을 주문했던 교육부가 이번에는 규제개혁, 재정개혁, 구조개혁이라는 3대 개혁 과제를 통해 고등 교육 권한을 지방자치단체로 과감하게 이양하겠다고 한다. 인구 감소 시대에 대학의 자율적인 혁신을 뒷받침하고 재정 여건을 개선하여 대학이 생존할 수 있게 과감한 규제 완화와 규제개혁이 필요한 시점이다. 대학의 정원·학사·평가·재정 운영 등에 대한 규제 완화는 총 정원 내에서 대학이 자율적으로 학과를 신설하고 정원을 조정하며 신규 캠퍼스를 설치하거나 대학 통합 시에도 각종 규제를 걷어내고 있다. 정부의 획일적인 대학 평가는 중단하면서 대학교육협의회의 자체 평가 및 사학진흥재단의 재정 진단 결과를 활용하기로 했다. 부실 위험이 높은 대학을 경영위기 대학으로 지정하여 구조개선 기회를 부여하며 회생이 어려운 대학에는 퇴로를 마련해주는 등 기존의 정부 주도에서 대학의 자율성을 높여주는 정책과 제도를 마련하는 논의가 활발하다. 교육 영역에서의 신자유주의는 자율성, 자기 결정성, 자기 책임성이라는 세 바퀴의 균형과 조화가 요구된다.

---

60) 매일경제 독자칼럼(기고문), 2023. 2. 13일 자.

시험과 선택

인간이 만든 시험 제도에는 선발을 위한 경쟁이 필수적으로 따른다. 제한된 자원과 파이를 골고루 나눌 수 없고, 더 나은 기회와 대우를 받고자 하는 인간의 욕망으로 경쟁은 더 치열하게 전개된다. 경쟁은 효율을 증대시켜 목표를 달성하고 생산을 늘리는 좋은 수단이 된다는 이유로 합리적인 사회제도로 간주된다. 시장경제는 시장과 가격기구에 따라 자원을 배분하는 보이지 않는 손이 경쟁을 조화롭게 조정한다는 것이다.

교육부가 고등교육법에 따라 4년 전에 예고하고 있는 수학능력시험 제도 개편 시안은 발표될 때마다 논쟁을 촉발한다. 가치관과 교육 목표를 어디에 두느냐에 따라 다양한 견해가 엇갈리고 있지만, 학생의 선택권과 학교의 다양성을 존중해 주는 방향으로 논의가 모여지기를 기대한다. 일부 지역 교육청을 중심으로 국제바칼로레아(International Baccalaureate)교육과정을 도입하는 학교가 늘어나고 있다[61]. 학생의 선택권을 확장해 주는 쪽으로 진행된다면 도입해볼 가치가 있다고 할 것이다.

---

61) 대구교육청에서 IB과정을 도입하고 있는 학교가 늘어나고 있다(2024. 2. 기준). 통상 고등학교 1학년 과정을 마치고 2학년이 되는 단계에서 IB과정을 선택하게 된다. 논술과 토론을 즐기는 학생이 IB과정을 선택하면 좋을 것으로 보인다. 학생은 각자의 소질과 역량이 있고, 국가(사회)는 학생 자신만의 소중한 자질을 마음껏 펼치는 데 적합한 교육과정을 선택하도록 다양한 기회를 제공해야 할 것이다. 인성과 창의성을 펼치는 교육을 위하여 배움의 기쁨을 맛볼 수 있도록 교육과정이 마련되어야 할 것이다. 교육자의 열정과 사명감도 무엇보다 중요한 요소이다.

교육의 길

인생이 무상하니 선생님의 위상도 예전과 달라졌다. 스승의 은혜는 하늘과 같다고 비유하던 때가 그리 멀지도 않다. 선생님은 학생을 사랑하고, 학생은 선생님을 존중하고 배워 따랐다. 그때는 자투리 분필을 던져 수업에 방해 되는 행동을 경고하거나 교실 앞에서 물구나무서기 같은 체벌도 가능했지만 말이다. 교실에서의 체벌이 합당하지 않다는 공감대가 형성되면서 학교에서의 체벌을 교육법령으로 엄격하게 금지하게 되자, 교육하는 방법도 변화하게 된다. 육체적인 체벌이 정신적인 규율로 대체하게 될 것이다. 현재는 육체의 체벌이 없어진 빈 공간을 새로운 규율 방법이 정착하지 못하고 있는 과도기적(아노미적) 상황으로 보인다. 무의식에 억압되어 표출하지 못했던 학생과 학부모의 반항이 교권에 도전하고 침해하는 현상으로 드러나고 있는 것이다. 이에 대한 반작용으로 교권확립운동이 한창이다. 국회는 교권을 강화하는 데 필요한 법률 개정을 서둘러 마쳤고, 정부 교원 수당 인상을 통해 선생님을 달래기 바쁘다. 재난이나 죽음도 돈으로 위로하고 받는 데 익숙한 우리들의 삶의 모습에서 자본주의가 깊이 침투하고 있음을 알게 된다. 선생님과 학부모 그리고 학생과 학교의 건강한 관계는 교육의 참뜻을 성찰하는 것에서 출발해야 한다.

무릇 인간과 우주만물은 자연으로부터의 성(性)을 받았다고 한다. 성은 도를 통해서 그 모습이 드러나게 되는데 도는 -인간과 늘 함께하면서- 인간이 지식을 쌓아야 도를 알아 행동하게 된다고 한다. 인간이 도를 행하기 위해서는 배우고 익혀서 도에 관한 지식을 아는 것이 전제조건이 되는데 교육이 그 기능을 담당하게 되는 것이다. 이처럼 교육은 인간이 그 본성에 따라 삶을 자연스럽게 영위하는 데 꼭 필요한 제도다. 선인들이 교육으로 인격을 완성하는 전인교육을 강조한 까닭은 인간의 본성과 궁극적인 가치를 실현하는 데 그 목적을 두었기 때문이다. 교육의 가치와 목적이 현대사회에서 자본주의와 경제적인 욕망을 실현하기 위한 수단으로 전락하면서 돈을 벌기 위한 효율적인 대안의 하나로 변질되고 말았다는 것이 현대 교육의 문제이다. 인간의 자리는 경쟁과 성적 그리고 승자와 패자로 자리를 바꿨다. 우수한 자는 열등한 자를 구분 짓고, 차별하며, 소외시키면서 억압한다. 사회는 효율을 내세워 교육과정과 결과에 따라 기회와 보상을 차별하면서 경쟁을 부추기고 있다. 도태되지 않으려는 약자의 마음이, 더 성공하려는 지나친 욕망이, 우리 모두를 성적에만 집착하는 괴물로 만들었다. 스승은 죽고 문제를 푸는 기능을 전수하고 임금을 받아 생활하는 임금 노동자로, 학생은 죽고 숙달된 정답 찾기에 능숙한 개인으로, 서로를 존중하고 사랑하는 감정은 철저하게 무시하고 외면한다. 인공지능의 시대에 교육 과정을 거쳐 한 인간이 전인격으로 탄생해야 하는 필요성이 더 커진 요즘에 역설적으로 기계 같은 자동인간을 찍어내는 데 혈안이 되어 있다. 이제 교권확립의 대안을 새로운 관점에서 재조명해야 한다. 교육 과정과 학제 그리고 평가 및 보상시스템 전반을 인간과 인본주의로 기름칠하는 미세조정(fine tuning)에 우리 모두가 나설 때다.

사회제도 곳곳에 오래 묵은 먼지 때들을 따뜻함으로 녹여 없애고 그 자리에 선한 영혼이 숨 쉴 수 있는 공간을 만들어야 한다. 교육문제는 다른 많은 사회시스템과 연계되어 있어 그 문제를 풀어헤치기란 쉽지 않다[62]. 가까이는 취업과 밀접한 관계를 가진다. 독일과 유럽국가에서 마스터 학교의 발전과 대학교육 진학을 제한하는 제도는 대학입시의 경쟁을 완화하는 기제로 작용하고 있다. 즉 우리나라의 과도한 입시 경쟁을 완화하는 방안을 모색하는 경우에 고졸자를 충원하는 산업과 기업의 활성화 및 그 임금의 합리적인 수준 보장이 함께 추진되어야만 한다. 학교와 교실까지 만연된 효율과 자본의 논리를 인정하는 바탕에서 정책 대안은 뿌리 내려 성공할 가능성이 높아진다. 이러한 맥락에서 교원과 성적이 우수한 학생에 대한 경제적인 보상도 소홀할 수는 없다. 오히려 기술과 능률에 기울어져 있는 자본의 추를 인문학과 인본주의로 좀 더 옮기는 지혜가 요청된다. 더한다면 현재 입시와 성적에만 경도된 경쟁의 목표를 다양화하는 노력과 인식의 전환을 기대한다. 수학에 재능을 가진 학생에게는 그 길을 열어주고, 논술과 논문에 관심과 흥미를 보이는 경우에는 그에 적합한 평가와 대우가 따르도록 설계해야 한다. 수능성적만으로 모든 것을 덮어서 평가하고 정의해 버리는 쉬운 방법을 과감하게 던져 버려야 한다.

건강한 다양성의 교육 생태계가 자생하도록 환경을 조성하고 우리의 인식을 개선해야 한다. 초저출산 시대에 진입한 대한민국은 한 사람의 소중함을 자각해야 한다. 대량생산과 소비 그리고 대중으로 규정되는 산업사회의 교육은 개별 맞춤형으로 그 패러다임을 교체해야 한다. 사람을 귀중하게 대하기 위해서라도 경제발전과 산업의 고도화는 필수로 선행할 과제다. 부가가치를 많이 높여 생산해야 고임금을 실현할 수가 있다. 바이오, 제약, 소프트웨어 기술을 기반으로 부의 크기가 증가하고, 그 파

62) 교육부장관을 사회부총리로 규정하고 있는 국가공무원법의 취지도 이러한 문제의식이 반영된 결과이다. 현실적으로 교육부장관이 사회부총리로서의 역할을 기대하기는 매우 어렵다. 교육부장관이 사회부총리로서의 역할을 수행하기 위해 사회분야 예산에 대하여 우선 편성권을 부여한다든지(국가재정법 개정 필요, 연구개발사업예산안을 과기부장관이 사전 편성하는 권한을 현재 부여하는 사례처럼 개정 검토), 고용 및 복지 정책과 교육정책을 사전영향평가하는 제도 도입을 논의할 필요가 있다고 본다.

이를 정의로운 기준에 따라 사람들이 나눠서 누릴 수 있다면 성적과 경쟁에의 과도한 집착 현상은 완화될 것이다. 자유로운 교육활동을 통한 창의성은 사회경제적인 여유와 기회의 풍요로움의 토양에서 꽃피우게 된다. 사회의 상생은 재능을 가진 사람이 과실을 키워서 그 과실을 필요로 하는 사람에게 잘 베풀어야 가능한 것이다.

자연이 부여한 인간의 재능은 서로 다르고 차이가 있어 사회는 개인들이 서로의 재능을 타인에게 나눠 보완하면서 개인의 재능을 합한 것 이상의 성과를 산출하는 용광로가 된다. 서로의 필요와 부족함을 보완해 주는 건강한 사회에서 교사와 학생 및 학부모 간의 건전한 교육 관계가 자리 잡게 될 것이다.

몽테스키외의 행복 : 저출생에 관한 소고

우리나라의 합계 출산율이 0.7을 밑돌기 시작했다. 합계 출산율 1이 깨진 지 불과 5년이 채 지나지 않았다는 점을 고려한다면 그 심각성을 짐작하기에 충분하다. 불과 몇 년 전만 하더라도 둘만 낳아 잘 기르자는 정책을 추진했었는데, 사회 환경의 변화 속도가 빠르다는 사실을 실감하게 된다. 인류의 역사에서도 출생과 인구수는 사회의 존립에 가장 중요한 정책의 우선순위가 되었다. 일찍이 니체는 짜라투스트라의 말을 통해 저출생을 유도하는 사람들의 인식과 사회의 관습을 꾸짖었다.

몽테스키외는 '페르시안 편지'에서 그리스도교의 이혼 금지와 이슬람 문화의 일부다처제를 저출생의 원인으로 꼽기도 했다. 그는 로마시대의 노예제도가 재산의 축적과 이를 통한 신분의 상승을 허용한 결과, 상업과 산업이 발달하게 되고 인구가 증가하는 현상을 설명하고 있다. 또한 토양과 기후의 변화를 인구 감소의 원인으로 지목하면서 죄를 지은 사람을 유배형에 처한다거나, 스페인의 식민주의 정책들은 자(본)국과 식민지 양쪽에서 인구를 감소시킨다고 지적하였다. 몽테스키외는 부드러운 정부는 백성들이 자유와 평등의 가치를 충분히 누리도록 보장하기에 상업 활동이 진작되어 인구가 증가한다고 보았다. 산업의 발달과 경제 상황이 좋을수록 인구는 증가한다는 사실에 주목했던 것이다. 소득은 노동량과 자본의 함수라는 경제학의 생산함수[63]를 떠올려보기 바란다.

현대사회의 저출생은 지나친 육아부담과 양육에 따르는 경제적인 부담 및 높은 주거비용,

---

63) 일반적으로 경제학에서 생산함수는 다음과 같다. Y=f(L,K), 소득은 노동과 자본의 함수라는 것이다.

그리고 육아로 인한 경력단절 등의 다양한 원인에 따른 것으로 간주되고 있다. 저출생을 극복하기 위한 정부의 정책도 이러한 원인을 해소하고, 제거하는 데 집중되고 있다. 유보통합[64]을 통한 육아의 경제적인 지원과 경력단절 여성의 불이익한 처우를 방지하고, 다자녀 가정에 대하여 주거나 복지 정책을 강화하는 것이다. 정부의 정책이 나날이 강화되어 왔지만, 출생률이 지속적으로 떨어지는 까닭은 결혼과 자녀에 관한 젊은 세대의 인식이 예전과 같지 않기 때문이다. 극도의 개인주의적 사고가 만연되는 것은 사회의 책임도 크다고 하겠다. 사회의 경제 파이가 늘어날 기미가 보이지 않고, 미래는 팍팍해질 것이라고 예측하면서 세대 간 느끼는 행복감이 점점 줄어들고 있다는 데 문제의 근원적인 심각성이 있다.

오늘보다 더 나은 내일로 미래를 긍정적으로 바라볼 때 출산의 동기가 증폭될 것인데, 현실은 정반대로 전개되고 있다. 오래전 현인들-18세기 몽테스키외 등-이 전쟁과 전염병 등으로 인한 저출생 현상을 사회 문제로 인식했음에도 불구하고 -실제로는- 지구 인구가 폭발적으로 증가해왔던 것처럼, 지금의 저출생에 대한 고민이 쓸모없는 걱정거리였다고 치부되었으면 한다.

64) 저출생 대응 교육 정책으로 늘봄 정책이 추진되고 있다. 육아로 인한 경력단절의 사회문제를 해결하는 데 기여할 것으로 예상된다. 학생은 늘봄 정책을 환영할지 궁금하다. 학생은 학교를 벗어나 자유롭게 활동하고 싶은 욕구가 있지 않을지 궁금하다.

죽음과 성장

행복이란 파랑새가 날아가 버리고 나서야 비로소 행복을 자각하게 된다. 불행이라도 닥쳐오는 날이면 일상의 평안함이 행복이었다는 사실을 실감하게 된다. 인간의 이성은 합리적이라고 간주되지만, 한계를 가진 인간은 오성으로 지각하지 못하거나 표상으로 받아들이지 못하는 무지한 영역에 대하여 그것을 깨치지 못한다. 감정 또한 정념에 치우치기 쉬우니 행복을 키워 오랫동안 유지하지를 못한다. 행복을 누리기 힘든 것과 같은 이치로, 권태와 불안으로 점철된 삶을 가치 있게 멋진 모습으로 치장하기란 쉽지 않다. 반복하는 일상에 하루를 더하니, 인생을 하나의 화폭에 담아도 단조롭기 그지없다.

일찍이 톨스토이의 이반 일리치의 죽음은 우리의 일상이 얼마나 덫 없는지를 보여주고 있다. 동료 판사의 죽음을 알리는 부고장을 받아 들고서 - 한 인간의 죽음을 애도하기보다는 - 그 빈자리(판사 지위)를 차지할 사람이 누가 될 것인지에 관심을 둔다는 데서, 한 사람의 일생이 그 누구에게도 관심을 받지도 못하고, 의미조차 발견할 수 없어 삶이 허무하다는 사실을 일깨워준다. 동료의 죽음이 현실로 다가와도 우리 인간은 눈 하나 깜짝하지 않는다. 마치 자신은 죽지 않고 영원히 살 것처럼 생각하고 행동한다. 그만큼 인간의 이성과 감성은 바보처럼 순박하다. 억지로 이성의 힘을 끌어내어 죽음을 앞질러서 상상하고 자연의 죽음을 간접으로나마 경험하고서야 겨우 죽음에 대하여 짧게라도 정의하려 든다.

죽음을 깊이 있게 생각하다가는 삶에 방해가 되겠다 싶은 염려로 얼른 그 생각을 덮어버리고 만다. 역설적이지만 죽음을 묵도하여야 삶을 충만하게 채워나가기에 유리하다. 모든 것을 변하게 하는 자연에서 생로병사의 법칙은 시공간을 초월한 진리다. 자연을 구성하는 존재자들의 존재와 그 자연마저도 적당한 때가 되면 없어지고 공(空)의 상태가 된다. 죽음은 돈, 명예, 행복, 권력 그리고 삶에 유용하고 가치가 있어 숭배의 대상이 되는 것들도 사라지게 한다. 그렇다면 지금 사는 동안에 잠시 유용하고 가치 있게 활용하여 인간과 자연에 잠시라도 좋은 영향을 줄 수 있다면 그것으로 흡족할 것이다. 소유하고 집착하며 아등바등 살려는 몸부림이 과연 그렇게 절실한지는 의문이다. 습관과 관성은 그 또한 법칙이라서 쉽게 벗어나기가 어렵다. 삶에 익숙한 우리가 죽음의 때가 왔음을 감지하고 자연의 부름에 순순히 응답하려면 결단과 용기가 필요하다. 죽음의 시점을 인식하시고 담담하게 받아들이는 모습을 보여준 한 사람의 의연함에서 존경의 마음을 드리게 된다. 죽음을 잡았다가 그 죽음마저도 집착하지 않아야 한다. 죽음의 거울로 삶을 비추고, 삶은 죽음도 덮어버린다. 여한이 없다. 육체가 병들어 나이가 들어서. 육신이 각각 분리될 준비를 하는 거다.
지금 이대로 완전히 온전하다. 젊을 때의 모습으로 비교하려 들지 마라. 우주는 그대로이므로 지금이 그대로 제대로다.

적극적 안락사

공공성의 역사적 개념 발달에서 고찰한 바와 같이, 근대 이후 사유재산권에 대한 절대적 보장을 기치로 사적 영역에 대한 정부의 개입은 최소화되었다. 자본주의 사회에서 출산과 양육은 철저하게 사적인 영역으로 치부되었다. 대공황을 극복하고 사회복지문제를 정부가 해결하면서 사적영역은 공적인 영역으로 전환되기 시작했다. 최근에는 합계출산율이 떨어지면서 사회적인 문제로 대두되면서 출산의 영역에도 정부가 개입하고 있다. 출산율을 높이기 위해 재정과 예산을 투입하고 있는 것이다. 이처럼 사적인 영역도 공적인 영역으로 전환하는 추세에 비춰 죽음과 행복의 인문학적인 이슈에 관하여 정부가 개입할 필요성과 가능성 여부를 논의해 보기로 하자.
우리와 서구사회에서 죽음을 바라보는 관점에 차이가 있다. 유럽 국가들의 성당에는 묘지가 함께 있고, 공원묘지도 시내 한가운데 위치하고 있는 경우가 많다. 이에 반해 우리나라는 예로부터 묘지는 인적이 드문 산속 깊은 곳에 자리를 차지하고 있다. 현대에 들어서는 차량이 접근하기 용이한, 살아있는 사람에게 편리한 위치로 옮겨가고 있으나 여전히 죽음에 관하여 가능한 멀리하려는 성향은 크게 변화하지 않고 있다. 죽음을 이성적으로 고찰해보면 지나치게 두려워하거나 슬퍼할 일은 아니다. 선진국의 지표로 장례식장에서 애도하는 모습으로 선진국의 지표로 삼는 연구도 있다.
모두가 공평하게 맞이해야 하는 출생과 죽음이라는 숙명에 직면하여 합리적으로 접근해볼 시기가 되었다. 우리 사회에서도 자본주의와 개인주의 사조가 심화되는 가운데, 노인인구가 급증하면서 죽음을 바라보는 새로운 관점들이 등장하고 있다. 가족의 책임 영역으로 간주되던 어르신 모시기가 사회복지센터 등 사회적 책임으로 전환하고 있는 것이다. 맞벌이 가정이 늘어나면서 전통적인 효도를 행하기도 받기도 어려운 상황이 된 것이다. 노년층의 선택지는 센터나 요양병원 등 사회적 기구들의 간호와 지원에 의존하는 구조가 되었다. 100세 시대라고 하지만 연로한 분들이 몸을 자유롭게 움직이거나 활동이 어려워지면 주변 사람의 도움에 절대적으로 의지하게 되고, 병이라도 얻게 되면 삶의 질은 끝없이 낮아지게 된다. 위중한 환자들은 유명한 대형 병원을 어렵사리 찾더라도 짧은 검사와 치료에 만족해야 한다. 입원을 희망하는 환자들이 줄서서 기다리고 있는 실정이므로 현대 의학으로 치료가 어렵다고 판정하는 순간 적극적 치료는 중단되고 다른 병원으로 옮길 수밖에 없다. 의료비 부담과 환자와 그 가족의 곤궁함은 건강보험공단과 환자의 몫이다. 떠도는 이야기로는 스위스에서 2천만 원이면 안락사가 가능하다고 한다. 언젠가 직면하게 될 죽음이, 예측 가능한 가까운 시점에 예고 받고 하루를 견뎌내는 사람에게 오늘, 지금 살아있음에 감사하라고. 아픔과 고통을 이겨내라고 속삭이는 것이 어떤가 모르겠다.

적극적 안락사를 행정의 영역으로 하자는 제안을 조심스레 꺼내보면, 그 부작용 때문에 쉽게 동의하지 못하고 주저하는 사람이 많다. 인터넷 기사의 댓글에는 안락사를 도입하자는 의견이 압도적으로 우세한 것을 보면, 우리 사회에 안락사 도입의 논의가 곧 이슈화될 개연성이 높은 것으로 보인다. 안락사 도입의 필요성과 그 가능성에 관하여는 거친 논의가 따를 것이다. 인간에게 자살할 자유의지가 주어져 있는가가 논의의 핵심이 될 것이다.

톨스토이는 죽음에의 기억을 인간 성장의 중요한 동기(모티브)라고 보았다. 그 자신이 죽음의 문턱을 넘어선 경험을 하고 난 이후에 대작을 발표한 것만 보더라도, 한 번 죽음을 진지하게 성찰한 사람만이 삶을 채울 중요한 것들에 대한 정확한 우선순위를 매길 수 있다고 할 것이다. 삶에서 가치 있다고 간주되는 것들, 그래서 집착하는 것들, 그 모든 것이 사라져 소멸하는 순간에 아무것도 없는 빈 공간에 채울 것은 없다는 사실을 깨닫는다면 삶은 무엇으로 채워야 하는 것일까 질문하게 된다. 돈은 자본주의를 사는 우리에게 없어서는 안 될 소중한 것이기에 돈을 모으는데 모든 삶을 다 받치고 있다. 돈을 벌기 위해서는 무엇이든 하는 세태다. 확실히 돈은 삶을 편안하고 윤택하게 하는 윤활유다. 많은 돈을 가지고 있어 편안하게 돈을 쓸 때면 여유와 자유를 누릴 수 있다. 잔고가 줄어들면 또 불안해한다. 잔고를 유지 또는 늘리기 위해 저축을 장려하고 소비를 줄이게 되니 항상 삶이 쪼들리는 모습이다. 기부와 나눔이 좋다는 것도 경험으로 안다. 석사, 박사보다도 봉사가 더 가치 있다는 것도 알고 있다. 앎을 실천하려고 해도 쉽게 용기가 나지 않는 것은 자본주의의 수레바퀴에서 낙오자가 되어 버릴까 두려운 마음이 크기 때문이다. 봄과 여름에 열심히 일해 가을 추수에 수확을 얻었다면, 그 곡식으로 추운 겨울을 나는 지혜를 깨쳐야 할 것이다. 노년에 친구가 줄어들어 불평하기보다는 자신을 성찰할 기회가 많아짐에 감사할 것이며, 재산이 줄어들어 불안해하기보다는 재물을 누군가와 나눌 수 있으니 그 또한 감사할 일이다.

산업사회와 대량소비사회를 살아온 현대인에게는 더하기의 행복에 익숙한 터라 덜어냄의 미학과 풍성함은 안중에도 없다. 꼭 쥐고 있는 한손을 놓지 않는다면 그 손으로 다른 것을 잡을 기회는 영영 오지 않게 되는 것이다. 죽음과 파국을 외면하면서 영원히 살 것처럼 물질과 삶에 집착하는 모습이 인간이 누리는 행복과 기쁨의 원천이라고 우리 인간의 뇌리에 심어놓아 쉼 없이 앞만 보고 질주하게 만들어 놓은 것은 누구의 작품이란 말인가. 모쪼록 인간이라면 삶마저도 객관화하여 거리 두고 성찰할 수 있어야 한다. 논어의 배우고 익히니 또한 기쁘지 아니한가라는 말씀을 새겨둘 것이다. 공부하기를 통해 관조하는 능력을 실행하는 데 좋은 기회를 제공할 것이기 때문이다.

사랑

하루가 변화의 연속이다. 인생이 즐거움으로 가득차기를 소망하지만 현실은 녹록지 않다. 고난과 직면하면서 젊은 날의 패기와 열정은 없다. 사라졌다고 하지만 사실은 마음 저 구석에는 남아 있다. 문득 청춘의 기백이 살아나려고 하면 애써 누르거나 흘려보내 버린다. 세상일이 뜻대로 되지 않을뿐더러 뜻대로 되는 편이 더 낫다는 보장도 없다. 자연과 우주는 한 인간이 감내하기에는 너무나 벅차다. 무심하게 돌아가는 자연의 변화에 그냥 수용하고 받아들이는 것이 오히려 편하다는 것을 알아챘기 때문이다. 마음이 없는 자연에 마음을 기대하는 것도 못할 짓이다. 시간을 잡고 싶은 마음이야 꿀떡 같지만 이 또한 욕심이라는 것과 집착의 마음이라는 것을 알기에 하루 지금의 편안함을 기도하는 데 만족해야 한다. 일상을 온통 염려와 걱정으로 가득 채워, 해야 할 것들을 놓지 못하는 것도 인간의 한계다. 1인실에서의 호사도 알지 못하고 일상으로 받아들인다. 최선을 다해 모시면 시간이 흐른 후에 후회가 조금 덜하지 싶다. 일어나는 현상을 그대로 수용하는 느낌으로 순간을 그렇게 바라본다. 참으로 인생이란 고난의 연속이다. 허들을 하나 넘으면 또 다른 고난이 기다리고 있으니 말이다. 시지프스 신화의 돌 굴리기와 같다. 매일의 아침에 동트는 반복이 내일도 그럴 거라 믿기에 지금이 그렇게 소중하지 않게 다가오기도 한다. 인간의 무지와 자연의 비정함이 겹쳐 진실을 알 수가 없다.

니체, 하이데거, 푸코의 철학을 공부하며, 메를로퐁티의 몸의 사색은 젊은 날의 마음대로에서 중년의 몸대로 전환하는 데 성찰을 준다. 자연이 무심하니 인간에게 마음작용이 없었다면 부조리도 없었겠지 싶다. 먼 시간에서 지금 순간은 피었다 지는 꽃 한 송이와 다르지 않다. 인간의 이성이란 것, 부조리란 것, 마음이란 것, 생각이란 것, 몸이란 것들은 이 순간 피었다가 지는 한줄기 빛줄기에 불과하다. 노년에 안락사를 희망하는 분들이 늘어나고 있다. 네덜란드에서 적극적 안락사를 합법화하여 제한된 조건에서 시행하고 있다고 하니 안락사를 허용할 것인가의 여부도 국가 정책으로 선택할 수 있는 상대적인 것이라고 하겠다.

죽음 앞에서 어느 누구도 피할 수 없는 힘든 아픔과 고뇌가 존재할 것이다. 인간 세상의 그 어느 것도 영원하지 않으므로 역설적이게도 인간은 영원에 집착하게 된다. 영원하게 변하지 않고 지금 이 순간이 끝없는 영원으로 연속되기를 소망한다. 세상의 부귀영화와 명예들도 쥐고 나면 한 조각 구름에 불과한 신기루이다. 사람이 사는 세상에서 그렇게 위대하고 대단한 것도 딱히 없다. 가지지 못했을 때가 크게 보이는 법이지 손에 넣고 보면 한낮의 물거품이다. 인생이 무상하고 허망하니 옛사람들의 인생한탄이 그리 잘못은 아니다. 세상에 집착하는 마음을 내려놓고 육신이 멀쩡할 때 한바탕 즐겁게 세상의 것을 누려 타자를 이롭게도 해보자.

칭찬, 공감, 감정이입

칭찬은 고래도 춤추게 한다는 서적이 한때 유행하기도 했다. 칭찬의 효과에 대하여 많은 사람이 공감하고 있다는 방증이다. 너와 나와 다르지 않듯이, 행복과 불행, 선과 악, 주관과 객관이 서로 떨어져 분리된 개념이라고 보기 어렵다. 겸손이 조금 엇나가면 교만으로 변하기도 한다. 한 사람을 지나치게 칭찬하다가 옆에 있는 또 다른 사람에게 불편함을 주기도 한다. 아침이슬을 양이 먹으면 젖으로, 독사가 마시면 독으로 만들어진다. 동일한(identical) 객관적인 사실(actual)을 경험하더라도 개인이 그 상황을 어떻게 의미부여를 하고 정의하는 가에 따라 천차만별의 모습으로 묘사된다(상황정의와 사실 reality). 현실이 꿈과 같다고 설파하신 선현들의 이야기는 상징적 상호작용론(Mead)에서 인용하는 상황정의와 같은 맥락에서 이해가 된다. 학점을 잘 받은 과목에 대하여는 왠지 자신감을 가지는 현상도 마찬가지다. 일종의 귀인이론(attribution theory)이라고 할 수 있는데, 결과를 통해 원인을 유추해보는 것이다. 인과관계의 연구에 익숙한 과학자들에게 결과와 인과를 도치해 보라는 시사를 준다. 주어진 상황이 동일해도 어떤 사람은 그 상황을 긍정적으로 인식하고 발전적으로 해결하는가 하면, 또 다른 사람은 그 상황에 직면하여 좌절하고 마는 경우도 있다. 중간시험 이후에 독감이 유행하면서 수강생들의 집중도가 떨어지는 현상이 나타나고 있다. 며칠을 고민하면서 학생을 존중하며 수강생의 입장에서 도움을 주려는 마음을 순수하게 내면서 조심스레 표현했더니 놀랄 일이 생겼다. 어느새 학생들의 수업에 집중하고 학습에 몰입하고 있는 상황을 직면하게 되었다.

지금 앞에 펼쳐지는 상황이 기대에 미치지 못한다고 느낀다면 그 느낌을 품고 있는 자신의 모습을 반추해볼 일이다. 기적 같은 경험을 하고 칭찬과 긍정적인 말과 행동이야말로 심리학의 자기충족적 예언(self-fulfilling prophecy) 또는 피그말리온 효과를 통해 그대로 눈앞에 전개될 것이라는 믿음을 한층 더 강화하는 계기가 될 것이다.

조직과 환경 그리고 거울효과

조직이란 일정한 목적을 달성하기 위하여 사람, 과업, 돈, 정보 등 다양한 구성요소들의 관계 집합을 말한다. 현재 상태의 불만족을 전제로 미래의 일정시점에서의 더 나은 상태를 목표라고 하고, 더 나은 상태로 미래의 일정한 방향성을 목적이라고 구분하기로 한다. 목표는 표식(target)과 같은 일정시점(static)과 유사한 개념이며, 목적은 방향성의 유량(flow)을 개념으로 각각 구분한다. 조직은 진공상태에 존재하는 것이 아니라 환경과 교류하고 소통한다. 사람과 정보, 돈 등 조직이 활동하는 데 필요한 혈액과 같은 것들을 환경으로부터 투입(input)을 받는다. 투입된 자원과 지지는 조직의 프로세스(SOP:표준운영절차 또는 규칙)를 거쳐 조직의 산출물(output)으로 환경에 영향을 미치게 된다. 조직과 환경이 주고받기(give and take)를 하면서 거울효과로 서로 닮아가는 현상이 나타난다. 두꺼비 색깔이 보호색을 가지는 것도 마찬가지 이치다. 비슷한 사람끼리 만난다는 유유상종도 같은 취지다. 비슷한 사람들이 서로 어울린다는 뜻이기도 하고, 서로 다른 사람들도 오랜 시간 친구로 지내다보면 서로 배워서 닮아가게 된다. 공자는 생선을 싼 종이를 비유로 들고 있다. 생선을 포장한 종이에는 생선 냄새가 묻어나기 마련이니, 자신을 어떤 환경에 두느냐는 그 자신의 향기와 인성에 영향을 크게 미친다는 것이다.

많은 사람의 지나침에서 자신이 인연 맺고 삶에서 친구 사이로 배우고 싶은 사람이라면 용기를 내어 다가가야 한다. 그 사람도 마음에 두고 기다리고 있을 것이다. 좋은 느낌과 향기를 자신이 동화되고 싶은 사람이라면 주저하지 말고 다가가자. 만남에 정성을 다하고 헤어짐에도 서운해 하지 않아야 한다. 지금 당신은 어떤 환경에서 누구를 만나고 있는지, 그 사람의 향기를 함께 하고 싶은 건지 물어보기로 하자.

오 원

꼬맹이는 바짓가랑이를 잡고 오 원만 달라며 연신 졸라댄다. 난감해하면서도 기꺼이 손에 쥐어 준다. 그때는 일 원짜리 동전도 사용했으니 오 원짜리 동전 가치는 상당하다. 소라빵, 버터 빵, 아이스 바를 사기에 충분했다. 단맛이 좋아 설탕 과자를 만들어 먹기도 했다. 모두가 가난하여 대학까지 공부하기란 쉽지 않다. 중등교육을 마치고 산업역군으로 진출하곤 했다. 동네에서 귀한 세발자전거도 가졌고. 컬러 TV로 교육방송을 시청하는 호사는 기성세대가 못다 한 공부의 한을 풀어보고 싶었던 탓도 있었을 거다. 우여곡절 끝에 기대에 부응할 수 있으니 이 또한 감사할 일이다. 사랑은 내리사랑이라 이렇게 받은 은혜에 보답을 하지 못한다. 어느 철학자는 죽음이 그대를 찾을 것이니, 죽음을 찾지는 말라고 한다. 피할 수 없는 죽음을 두고 우리가 염려하고 불안해하며 짧은 인생을 허투루 낭비해서는 안 된다. 타인에게 해가 되지 않는다면 이기적으로 생활하는 것도 자연스럽고 아름답다. 세상의 염려도 자신이 바로 설 때 가능하다. 자신을 사랑하는 사람이라야 세상과 타인에게 빛이 될 수 있다.

인생 두 번째 무대

인간은 실존적인 존재자라고 한다. 용도가 정해져서 본질이 규정된 사물과는 다르다. 인간은 그 사용설명서를 가지고 태어나는 것이 아니다. 한 사람이 인생을 어떻게 수놓고 채워갈 것인지는 오직 그 사람의 선택과 그를 둘러싼 환경과 상황의 변동인 운에 좌우된다. 엄밀하게는 삶의 성공과 실패를 규정할 절대적 기준은 없다. 현대의 자본주의는 좋은 교육을 받아 높은 임금과 대우를 받고 일하는 자리에 취업한 사람에 대하여 성공이란 이름을 수여한다. 임금 근로자의 삶이란 매일 반복의 연속이다.

특히나 전문화된 산업사회의 조직인은 세분화된 활동을 반복하면서 기계의 부속품으로 전락하기 쉽다. 30여 년의 긴 시간을 한 직장에서 근무하고 돌아보면 하루의 루틴을 그 시간 동안 반복한 것을 발견한다. 즉 긴 시간의 경험이라도 짧은 요약문으로 정리하는 데 큰 어려움이 없다. 사무실에서의 전체 업무를 조감해 보지 못해 퇴직하고도 조직 시스템의 부분만 익숙할 뿐이다. 전인적인 경험의 부족으로 새 출발 인생은 막막하다. 젊고 유능한 인재가 넘쳐나는 시대에 구시대의 경험과 연극 대본에 익숙한 노년층을 근로자로 채용하려는 기업은 많지 않다. 퇴직 후의 녹록하지 않은 삶을 간접 경험하면서 직장인은 인내하며 자리를 지켜 버티고자 한다. 결국 그들의 젊음을 바친 조직에서의 경험은 단순하기 짝이 없다.

죽음은 삶은 조명하는 거울이다. 지난날을 추억하는 인생 이야기를 풀어헤칠 경험이 많다면 덜 억울하지 않을까 싶다. 그러니 자유로운 꿈을 마음껏 펼칠 황금 기회로 오늘 하루를 채워나가야 한다. 돈 버는 일을 잠시 내려두고 인생의 의미를 찾아가며 경제문제를 해결해볼 일이다. 인간이 고통을 저항하는 까닭은 그 의미 때문이라는 선인들의 말씀을 회상하기로 한다.

인연

공간이 바뀌면 대부분의 인간관계도 리셋이 된다[65]. 직장이란 업무와 일로 연결된 상호관계 속에서 공식적인 역할이 사라지면 인간관계도 멀어지기 마련이다. 그렇지만 퇴직을 해도 몇몇 사람과의 인연은 이어진다. 부친상에도 가족장으로 하며 고인의 뜻에 따라 조의금을 받지 않는다고 알려도 끝내 조의를 표해오는 이가 있고, 추석 명절이라고 잊지 않고 인사를 전하는 옛 동료가 있다. 고맙고 감사한 일이다. 배려를 받으면 보답하고 싶은 마음이 드는 것이 인지상정이다.

오랜만에 강화도를 찾았다. 교동이란 곳은 2년 전 방문하고서야 찾은 곳이다. 그때처럼 가을이 깊어 들판은 누렇고 하늘은 푸르다. 대한민국의 가을은 가히 일등 풍경이다. 산과 바다 그리고 뭉게구름이 한 폭의 멋진 산수화를 연상케 한다. 미곡처리장과 방앗간은 연신 햅쌀을 토해내기 바쁘다. 저녁을 지어 보니 기름진 하얀 쌀밥이 예술이다. 더운 여름과 비바람을 이겨내고 농부의 땀과 자연의 도움을 머금은 귀한 밥 한 공기다. 그래 가까이 살고 있는 고마운 분께도 나누기로 한다. 카트에 싣고 바퀴소리 정겹게 찾아 전하고 돌아오는 발걸음이 가볍다. 주고받기란 따져서 할 거래가 아닌 마음의 발산에 따르는 인간 본성의 모습이다.

유학이나 주재원으로 해외를 방문하는 날에는 공항에서 동포가 맞이하며 정착을 아낌없이 지원하곤 했다. 도움을 받은 사람은 또 다른 신입생에게 사랑과 배려를 베푸는 온정이 있었다. 현대 사회에서는 정보기술의 발달로 이제는 그런 모습을 찾기 어

65) 학생들이 가정을 벗어나 다른 공간에서 학습하는 경우도 이와 유사하다. 공간을 변화시켜 다른 생각과 느낌을 경험해 보자.

렵다. 편리한 검색이 가능하니 사람과 엮이지 않고도 정확한 정보를 빠르게 받을 수 있으니 사람의 도움을 받으려 하지 않는다. 사회의 진보에 따라 인간관계를 맺는 방법도 변하는 것이라고 이해하는 눈으로 바라보면 괜찮아 보인다. 인간 본성에 타인을 돕는 마음이 있다면 도움을 요청하고 배려받으며, 타인에게 힘이 되어주는 사람으로 사는 것도 자연스럽고 보기에도 좋다.

똑똑한 신세대 젊은 청춘에게, 사람인의 한자(漢字)가 사람과 사람이 서로 기대고 의지하는 모양이라고 알려주면 그 뜻을 이해할 수 있을까 싶다.

두 길

인간은 두 극단으로 분류하고 나눠 그 각각을 비교하는 데 익숙하다. 주체와 타자, 주관과 객관, 진보와 보수, 음과 양, 정신과 물질, 의식과 무의식 이루 나열하기 어려울 만큼 이분법적인 세계관은 우리의 의식 속에서 굳건하게 자리 잡고 있어, 투사된 사회의 모습도 그렇게 이해되어 진다.

소위'나'라는 자아는, 그리고 인간의 자율성은 존재하는 것일까. 근대의 계몽주의와 합리주의는 인간의 이성의 힘을 믿어 신으로부터 벗어나 자율성, 자기 결정성, 자기 책임으로 공동체에서 민주주의가 가능하다고 보았다. 그러나 현실세계에서의 전쟁과 공황 그리고 나치즘 독재와 같은 비합리적인 사회문제의 발발은 인간 이성의 자율성에 회의를 가지게 하였다.

구조주의를 기점으로 주체는 더 이상 존재하지 않고 타자의 시선으로 관심이 옮겨가게 되었다. 물질, 무의식, 구조가 인간의 존재를 결정하고, 인간은 피동적으로 -선택하기보다는- 선택된다는 데 주목하였다. 세상이 뜻대로 되지 않는다고 한탄하는 사람이 많다[66]. 자기 자신도 마음대로 하지 못하는데 사회는 더욱더 그렇게 보인다.

좌절하고 포기하는 데 익숙한 현대인의 모습도 이해 못할 바가 아니다. 안타깝지만 마음같이 흘러가지 않는다고 실망할 것까지는 없다. 자연이 무심하지만, 인간의 기대가 없다면 그 자연의 잔인함 역시도 아무렇지도 않아 가치중립적인 영역일 뿐이다. 인간 마음이 세상을 정의한다[67]는 견해도 있으니 그래 한 번 속는 셈 치고 믿어보자.

---

66) 사람은 자신의 뜻이나 의도대로 세상이 움직여주기를 바란다. 인간의 의도가 강할수록 세상은 더 반대로 작용하는 경향이 있다. 힘들이지 않고 가볍게 세상을 누리면, 운의 흐름이 좋게 작용하기도 한다. 사람의 뜻대로 되지 않는 것이 오히려 더 나은 결과를 가져오는 경향이 있다는 데 유의하자.

67) 일체유심조라고 한다.

4. 문화정책

몰입과 성장

시간의 흐름을 잊어버리는 착각이다. 몰입은 영원에 머무르는 편안함이다. 모두 변하는 가운데서 잠시 정지된 안정감은 그 자체로 완전하다. 세상의 완전함은 또 다른 불완전함으로 깨어지기 쉬워서 몰입에만 오래 머물지는 못한다. 잠깐의 몰입이 주는 자기 잊음과 자연의 대상과의 일체감은 살며 꼭 경험하고 기억해야 할 소중한 것이다.

한 권의 책이 주는 감탄과 자연이 주는 기쁨은 몰입하기에 딱 좋은 소재다. 이것저것 신경 쓰지 않고 하나에 몰입할 수 있는 건 신이 인간에게 부여한 축복 중의 하나다. 자연과 인간은 일체이다. 파릇한 봄기운은 신학기 캠퍼스의 생동감과 같다.

가을의 정취가 학교를 덮는 학기에는 여물어 간다. 낙엽이 쌓이는 교정은 겨울을 맞는다. 열심히 달려온 학생들에게 휴식이 따라온다. 자연의 이치에 순응하고 받아들이는 인간은 자연스럽다. 낯선 긴장감이 떠나고 익숙함에 젖는다. 건강과 독서 그리고 배려의 삼박자가 학교에 살아 숨 쉬게 해야 한다. 학교 강의실은 참 성장의 터이다. 자연을 거슬러 집중하고 사계절을 씨 뿌리는 활동에 항상 그러하니까.

학습의 길

고전의 한 구절이다. 배우고 익히면 또한 기쁘지 아니한가. 학습은 인생의 기쁜 일이라는 것이다. 지식을 배우고, 배운 지식을 반복하고 익혀 익숙한 경지에 이르면 자존감을 바탕으로 세상을 읽는 안목을 높여 성장하게 된다. 학습하는 사람과 그렇지 못한 사람 간에는 어떤 차이가 있어 이렇듯 배움을 강조하는 것일까. 알고 보면 불안하거나 흥분할 이유가 없는 것들이 많다. 이해하는 관점으로 주변을 관찰하면 화내거나 불편해할 필요가 없다. 알고 이해하는 것은 학습으로 그 범위와 깊이를 더할 수 있다. 배울 학보다 익힐 습 즉, 꾸준한 연습이 현대인에게는 더 힘든 과제다.

정보기술의 발달로 배움은 과거 어느 때보다 편리하게 접근할 수 있게 되었다. 넘치는 지식 정보를 주체적으로 소화하고 자기 것으로 내면화하려면 반복과 인내의 태도가 요구된다. 순간순간 시시때때로 새로운 자극에 노출된 우리는 하나를 익숙하게 될 때까지 숙련의 시간과 정성으로 인내하기 어렵다. 빠른 것이 효율적인 것이라고 간주하는 문화도 일조하고 있다. 자칫 잘못된 방향으로 효율을 추구하면서 더 나쁜 수렁으로 자신을 몰아가고 있지는 않은지 잠시 돌아볼 일이다.

음식과 행복

한동안 먹는 방송이 유행하던 시절이 있었다. 매스컴에서는 온통 정치 이야기로 꽃을 피워서 문화와 교양에 관한 정보는 주의와 관심을 돌려야 겨우 접근할 수 있다. 매슬로우(Maslow)의 욕구 5단계설을 굳이 거론하지 않더라도 삶에서 꼭 필요한 입고, 먹고, 자는 인간의 기본적인 욕구의 중요성은 말하지 않아도 안다. 삶이 권태와 고통의 수레바퀴라는 선인들의 말씀은 옳다. 좋은가 싶다가도 금세 어려움과 고통이 따라붙으니 말이다. 행복이란 울타리에도 불행이 함께 숨 쉰다는 사실을 알아차리면 과연 행복의 실체가 존재하는 건가 싶기도 하다. 이러니 행복을 불행이 없는 상태라는 지극히 소극적으로 자리매김하더라도 딱히 반박하기 어렵다. 그러고 보면 삶의 모습은 주관에 영향을 받기 쉽다. 객관적인 실체를 어떤 관점에서 해석하고 이해하는가에 따라 행복과 고통이 결정되어 진다. 좋아서 취하고 싶은 것들과 나빠서 회피하고 싶은 것들은 같은 시간과 공간을 차지하면서 우리 앞에서 패키지로 선택할 것을 강요한다. 생선의 뼈를 발라내듯 고통의 쓴맛을 행복의 단맛에서 따로 분리해내기란 큰 위험이 따르는 일이다. 고난을 드러내려면, 땅속에 묻힌 지뢰를 찾아내는 것만큼이나 신중해야 한다.

문제는 인간에게 닥치는 불행과 고통은 대부분 피할 수 없는 운명과 같은 것이라는 데 있다[68]. 병들어 아픈 것 그리고 신이 인간에게 공평하게 선물한 죽음을 고통으로 정의한다면 누구도 피할 수 없어 받아들여야 한다. 비록 자신은 젊어서 당장은 건강하다고 자신한다고 치더라도, 부모님과 이웃의 아픔과 고통은 보고 경험하게 된다. 한때의 부와 권력을 가진 사람이라도 이웃의 부족함에 연민의 정을 느끼기도 한다. 이처럼 개인의 차원이나 사회의 차원에서 변하지 않는 완전한 행복 상태만을 잡아서 유지하기란 불가능에 가깝다. 인간의 나약함과 부족함을 인정하고 받아들이면서 우리 인간이 서로 도우며 사랑하고 보완하는 장이 사회 공동체를 구성하고 영위하는 근원일 것이다.

코로나19를 극복하는가 싶더니만, 그 과정에서 화폐량이 증가하는 등의 부작용을 요즘 톡톡히 감내하고 있다. 대중의 사랑을 받던 과일의 가격이 하늘 높은 줄 모르고 치솟고 있다. 과일값만 오르는 것이 아니라 생필품 가격도 직격탄을 맞고 있다. 텅 빈 상가 건물이 늘어나고 벽에 붙은 임대라는 안내 문구는 서민들의 팍팍한 삶을 대변해주고 있다. 썰렁한 가게는 추운 겨울이 다가오면서 을씨년스럽기까지 하다.

이런저런 아픔을 뒤로하고 맛집을 찾아 현실을 잊어 도피해 본다. 오픈하기 전에 도착해서 번호표를 받았으니 안심이다. 이미 도착한 손님들과 나란히 식당 계산대 옆 자리를 차지하고 앉는다. 메뉴를 주문할 필요가 없는 것이 자동으로 세팅이 된다. 눈 깜짝할 사이에 손님으로 가득한 음식점 내부의 테이블에는 순서대로 음식이 제공된다. 한 폭의 아름다운 풍경화를 보는 느낌이다. 음식을 제공하시는 분들도 하나같이 친절하다. 음식점에 손님이 많으면 점원이 불친절한 사례도 종종 발견한다. 정해진 보수를 받는 고용된 직원 입장에서는 손님이 많으면 일거리만 늘어날 뿐 별도의 유인(인센티브)이 주어지지 않는다면 친절을 제공하여 더 많은 손님이 방문하게 하는 것은 비합리적인 선택이 된다. 이처럼 주인과 직원의 입장과 관점은 다를 수밖에 없다. 이 식당이 오래오래 명성을 떨치며 손님이 끊이지 않는 것은 친절한 서비스와 더불어 맛깔난 음식 때문일 것이다. 좀처럼 손이 가지 않는 야채들도 이 집에서는 접시를 비울 정도로 정갈함에 반했다. 메인 요리인 게장은 가성비가 좋아서 밥 한 그릇을

68) 인생에서 고난이 꼭 필요하게 만든 것은 일관되게 착한 사람이 축복을 받게 하려는 신의 뜻이라고 한다. 고난이 없다면 거짓으로 선한 사람에게 행운이 흘러들어가게 된다고 한다.

비우고도 남아 푸짐하니 좋았다. 태어나서 처음으로 게장이란 이름의 요리를 편안하게 즐겼으니 계산하는 마음이 넉넉하다. 오픈하자마자 도착한 손님은 한 시간을 기다려야 한다니 이 집의 인기를 실감하게 된다. 어렵고 힘든 시기에 손님들로 북적이는 가게의 번성하는 풍경에서도 넉넉함으로 치유 받는 호사를 누린다. 그래 인생의 어려움과 고통은 이렇게 잠시라도 도피할 수 있는 여백이 있으니 얼마나 다행인지 모르겠다.

기도와 응답 비법

삶이 버겁고 힘들어서, 삶에 의미를 찾지 못할 때 우리는 가끔 죽음을 생각하게 된다. 톨스토이가 일찍이 설파한 진실은 죽음은 몸이 건강하고 영혼이 맑을 때 연습하고 기억해야 한다. 죽음에의 체험은 삶을 동기로 채우는 촉매제가 된다. 어리석은 인간은 자신의 육신이 병들고 나서야 죽음을 두려움으로 맞이하게 된다. 죽음은 경험하고 회복할 탄력성을 잃어버리는 것으로 간주되어, 인간은 죽음을 늘 어둠으로 치부하고 가능하면 멀리하려고 한다. 자연이 주는 삶이 영원한데 죽음을 갈구하는 염원은 들어주지 않는다. 죽음이 다가오면 살려고 해도 안 되는 것이 세상의 이치이다.

기도에 응답을 잘 받는 사람은 자연과 세상의 이치를 깨쳐서 때를 잘 읽는 사람일 것이다. 봄이 되면 꽃이 피고, 가을이면 낙엽이 지는 것이 세상의 이치라면 봄에 꽃이 피기를 기도하고, 가을이면 낙엽이 지도록 기도하면 된다. 기도가 없어도 자연에 순응하는 삶이라면 기도를 하는 삶과 다르지 않을 것이다. 기도의 효험을 봤다고 한다면 그 기도 형식에 인간이 부여한 의미일 것이다. 기도는 봄이 왔음을, 가을이 깊어가고 있음을 알아차리는 성찰의 과정이다. 기도의 평정함으로 자연과 세상의 이치와 적합한 때를 읽을 수가 있을 것이다.

아름답다

아름답다고 하는 것은 자기답다는 뜻을 가진다고 한다. 우리는 외모나 겉모양이 보기 좋을 때 멋지다고도 한다. 아무리 예쁘고 멋지다고 해도 세월의 시간 앞에서는 오래 버티지 못한다. 봄꽃의 화사함도 계절이 한 번 변하면 시들고 만다. 갓 제조된 기계도 몇 번 사용하면 금세 녹슬거나 산화되어 새로움과는 거리가 멀어진다. 마찬가지로 청춘의 열정도 어느새 식어버려 하얀 백발이 노년을 덮어버린다. 번개처럼 빨라 잡지 못하고, 그 아름다운 순간을 자각하기도 어렵다. 이처럼 자연의 선물이라 할 소중한 아름다움을 외부에서만 찾는 데 치중한다면, 그 결과는 만족스럽지 못할 개연성이 높다.

경험적으로 인간의 내면과 정신은 오랜 시간의 축적에도 크게 변하지 않는 항상성(변하지 않는 일정한)을 가진다. 시간의 변화에 휩쓸리지 않고 매력을 오래오래 간직하고 키우는 비법은 마음과 정신을 아름답게 가꿔주는 것이다. 사실 내면의 모습은 쉽게 드러나지 않기에 투자대비 가성비가 떨어진다고 간주하게 된다.
순간순간 매일매일 새롭게 관리하는 마음은 노년에 그 빛을 발하게 된다. 세월의 흔적으로 외모는 비슷하게 변해버려도 속마음이 깨끗한 사람은 말과 행동으로 표현되기 마련이다. 젊은이의 아름다운 외모를 보면 또 보고 싶어지듯이 노년의 멋진 모습도 마찬가지다. 마음먹고 속살을 관리할 때다.

경력증명

한 직장에서 무사히 정년을 마친다는 것은 여간해서 쉬운 일이 아니다. 경력증명 한 장으로 지난 삶을 요약해버리는 세상의 효율성이 야속하면서도 징계 사유 칸이 공백으로 비어있다는 것은 잘 살았다는 증표다. 아니 정확하게 말하면 운이 좋았다거나, 혹은 조직 인으로서 그저 그렇게 무난하게 살아온 결과일 것이다.
돌이켜보면 누구에게나 징계받을 위험한 순간은 있기 마련이다. 직급이 높아지고 조직의 관리자의 위치에 오르게 되면 그 위험은 더하게 된다. 직위가 높으면 조직 내 직원의 판단과 행위에 대하여 책임으로 응답해야 하는 사례가 많은 탓이다. 자기 자신의 행동에만 책임을 지게 한다면 그나마 안전하다. 인간은 늘 불완전한 존재이므로 언제든지 규칙과 규정을 위반할 개연성은 있기 마련이다. 또한 타인의 행동을 정확하게 통제하기란 더욱 어렵다. 사정이 이러할진대, 막상 위험에 처하면 철저히 혼자로 남게 되기 쉽다. 그러니 도움을 주는 귀한 손길로 곤란한 위기를 극복한 경험이 있었다면, 오히려 좋은 추억과 소중한 인연을 맺게 해준 귀인에게 고맙다고 해야 할 것이다.

가볍게 살기

감독이 실력을 겸비한 운동선수에게 마지막으로 주문하는 건 어깨에 힘을 빼라는 것이다. 세상에 출세한 사람도 실수하고 그 자리를 지키지 못하고 주저앉는 건 힘을 잘못 썼거나 힘이 너무 들어가 교만에 빠져 상황 자신의 주제 파악을 잘못한 탓이다. 대부분 잘못이 어디에 있는지도 모르는 사람이 많겠지만 말이다. 힘을 빼기란 쉽지 않다. 힘을 안 쓰면 되는데 그게 뭐가 어렵냐고 반문하겠지만, 힘이 잔뜩 들어간 사람에게는 그게 어렵다. 운동선수도 힘을 잘못 쓰면 자신의 근육을 다치기도 하고 실수로 팀이 불리한 상황에 빠뜨리기도 한다. 힘을 뺀다는 것은 익숙하지 않은 새로운 상황 변화에 유연하게 대처하는 능력을 가지고 있어야 가능한 일이다.

인간은 누구나 낯선 환경에서는 긴장하게 되고, 힘이 잔뜩 들어간 상태가 된다. 움직이는 동물이 식물과 돌처럼 굳어 움직이지 못하는 것이다. 얼음이 되고 만다. 부드러운 물은 자연스레 아래로 흘러 이동하지만, 얼음은 외부의 충격에 쉽게 깨지고 만다. 자신을 변화시키는 능력이 없으니 밖에서 주도권을 쥐고 흔드는 격이다.

단단하면 외상을 입게 된다. 부드러운 쿠션은 자신도 보호하면서 상대의 충격도 흡수하는 힘이 있다. 그러고 보면 힘을 빼면 자신도 지키고 환경도 보호하는 일석이조의 효과를 얻을 수가 있다. 주말이면 어김없이 인사드리러 길을 나선다. 이동하는데 뭐가 힘들까 해도 익숙해지기 전에는 몸이 힘들어 했다. 잔뜩 힘이 들어간 탓이다. 반복되는 일상으로 습관이 된 지금은 몸을 이동에 맡기고 힘을 빼니 힘듦이 훨씬 덜하다. 힘을 빼는 것이 좋다고 하지만 의도적으로 힘 빼기도 쉽지 않다. 여러 번의 반복으로 습관이 형성되어야 힘 빼기가 가능한 것이다. 겸손은 진정으로 높이 오른 사람에게 신이 주는 축복일지도 모르겠다.

삶이란 힘 빼기를 연습하고 배워 겸손을 실천하는 과정이다. 부드러움과 친절 그리고 겸손과 자기 겸양은 자기를 지키고 세상을 보호하는 좋은 방법이다. 믿고 의지하고 자기를 내세우지 않는 것이 오히려 자신을 드러내는 좋은 지혜다. 순응하는 봄에 피는 꽃을 즐길 것이며. 봄에 낙엽 지기를 바라지 말자. 청개구리 마냥 인간은 꼭 우물에서 숭늉을 찾는 경향이 있다. 그게 인간이다. 발명도 발견도 그런 기이함에서 출발하기도 하니 그런 심성을 잘못이라고 꼭 집어 말하지는 않겠다.

글쓰기

하얀 종이에 문자로 채워나가는 행위는 자신과 대화하는 방법의 하나다. 글을 읽는 독자의 입장을 배려한다면 더 좋다. 인간은 언어와 상징을 활용하므로 지식과 경험을 전수받고 전하여 축적된 지혜를 적용할 수 있다. 그러나 소크라테스는 영혼이 숨 쉬는 말이 문자보다 더 나은 진실을 전달하는 방법이라고 보았다. 죽은 문자로는 진리에 도달할 수 없다면서 책 한 권도 세상에 내놓지 않았다. 그의 철학이야기는 제자 플라톤의 저술 작업에 따라 후대에 전해지고 있는 것이다. 글은 말의 다른 표현이다. 말하는 기술과 글 쓰는 재주는 꼭 일치하는 것은 아니다. 말은 듣는 사람에게는 편리하나, 시·공간의 제약을 받는다. 반면에 글은 독자의 해석에 따라 저자의 본래 의미가 달라지기도 한다. 개별성과 다양성에 편승한 인간이 왜곡한 의미가 돌아다니고 있다. 문자정보의 의미를 찾아 시간과 노력을 들이는 현대인은 극히 드물다. 이에 문자는 그림과 이미지로 대체되고 있다. 글과 문자도 인간이 만든 인공물이기에 불완전한 모습을 담고 있다. 상징과 언어로 표현하고 인식하면서 물자체를 꿰뚫고 본질에 접근하는데 한계가 있다고 한다.

현대의 구조주의와 후기 구조주의는 말의 틀과 단어 사용의 차이에 주목한다. 상징의 바다에서 우리 인간은 주체성을 잃고 구조의 틀에 따라 규정되는 타자의 모습이 부각된다. 멀지 않은 지난 시절에 저자가 책을 헌정하면 존경을 넘어 대단하다는 감탄이 저절로 나오곤 했다. 문자로 글을 써서 책 한 권을 세상에 드러낸다는 건 보통 인간의 의지와 능력으로는 불가능한 일이라고 간주했다. 글을 책으로 묶어 발간하면서 스치는 생각은 그때 그 저자의 인생이 녹록지 않음이다. 고난의 터널에 어둠이 짙어 한 치 앞을 내딛기 힘들 때 펜을 들어 길을 밝히려 들었을 것이다. 글자와 문자 하나를 잡아 수렁에서 빠지지 않게 버팀목으로 삼았을 것이다. 어렵고 힘든 시기를 거쳐 굴복하지 않아 산고를 겪은 뒤라야 예술 작품 하나를 탄생시키게 되는 것이다. 먼저 펜 하나를 손에 쥐고 볼 일이다.

잘못된 믿음

철석같이 믿어 완벽하게 옳다고 여겼는데, 그게 아니라고 판명이 된다면, 처하게 될 곤란한 상황을 늘 염두에 두고 행동해야 한다. 꿈같은 세상은 마치 참과 진실이라 믿고 생각이 전개되지만, 환상에서 깨고 나면 일장춘몽일 뿐이다. 계좌에 입금된 돈의 진실 여부를 은행 창구직원과 의견을 달리한 적이 있다. 제3자인 공공기관의 직원 말을 의심하지 않고 믿었던 것이, 결과적으로 오해에 근거한 말과 행동을 하게 된 것이다. 진실이 밝혀진 이후에 그 잘못은 큰 상처로 남게 된다는 경험을 하게 된다. 잘못된 상(모양)을 믿고, 그에 따라 행한 거침없는 말들을 주워 담기란 불가능하다. 말로 입은 상처는 오랫동안 남게 된다. 이 세상에 완전하게 백 퍼센트 확실하게 장담할 것들은 많지 않다. 특히나 사람의 행동과 말에 근거한 판단이라는 것들은 더 그렇다. 불완전한 인간이 보고 느껴 감각된 것을 통해 해석하고 이해했다고 믿는 것들은 대부분 환상을 꿈꾸는 거짓을 포함하는 경우가 많다.

허상에 속았다고 알아챘을 땐 이미 늦다. 그러므로 사람을 평가하고 규정짓고자 하는 마음이 올라온다면 그 믿음이 정확한 사실인가에 대하여 의심하는 여백을 꼭 만들어 둬야 한다. 만약에 그 믿음이 잘못이라고 판명되었을 때 피할 최소한의 안전장치(공간)를 두고 있어야 한다. 극단적인 생각에 빠져서 그것만 보고 사는 대부분의 우리 인간은 우상의 그림자를 벗어나지 못하게 된다. 우리는 인간이다.

인간은 진실에 도달하기 어렵고, 잘못된 모양(상)을 추종하며 평생을 살고 있다. 자신이 틀린 길에서 잘못된 방향으로, 편향되게 세상을 지각하고 있을지도 모른다는 믿음을 마음에 새겨둬야 한다. 이것만이 돌이킬 수 없는 큰 재앙을 피할 소중한 방법이다.

계획 없는 출발

사람은 실존적인 존재이며 그 본질을 정의할 수 없다고 한다. 태어날 때 인간의 매뉴얼이 주어져 있지 않아 어떤 인생을 펼칠 것인지를 예측할 수 없다. 인간은 자유의지의 자율과 구조주의로 규정되는 복합적인 존재다. 삶의 목표를 설정하고 그것을 달성하는 데 적합한 수단을 합리적으로 기획하고자 한다. 즉 선택의 기준을 세워서 행동의 지침으로 삼아야 한다. 여행에서 아는 만큼 보인다는 격언이 통용되는 것도 이 때문이다.

현대사회는 규율로 촘촘하게 인간 행동을 규제하고 있다. 틀에 박힌 제도를 지키고 내면화한 개인은 자기통제에도 익숙해져 버렸다. 요즘 계획 없이 여행하며 다양한 체험을 소중하게 다루는 세상의 풍조는, 엄격한 규칙의 틀에 구속되어 억압된 불만을 해소하는데 탈출구의 기능을 하고 있다. 목적과 계획 없이 자신을 상황에 내던져 두고 보는 것도 선을 유연하게 넘나들어 자유와 위로를 선물하는 기회가 되기도 한다. 모든 것은 지나치지 말아야 한다. 지나친 무계획성은 자신의 삶을 회피하며 축소하게 되어 더 깊은 수렁으로 빠뜨리고 만다는 점을 명심해야 한다.

삶과 행복

몽테스키외의 페르시안 편지에서 재미난 부족 이야기가 나온다. 잔인한 부족은 서로 갈등하고 다투다가 거의 멸종의 위기에 처하게 되는데, 마지막 남은 두 사람이 선한 사람이라서 그 부족이 다시 번성하게 된다는 것이다[69]. 공익이 있어야 개인의 이익도 보장된다는 사실을 깨닫게 되자, 이 부족은 번성하게 되었다. 다시 인구가 증가하여 부족의 규모가 커지게 되자 부족민들은 그들의 왕을 옹립하고자 하는 결정을 하게 된다. 이에 정작 추대받은 왕은 눈물을 흘리며 슬퍼한다. 왕은 부족민들 개개인이 짊어지게 되는 도덕의 무게가 무거워 왕의 명령으로 도피(피신)하려는 것으로 보았던 것이다. 에리히 프롬의 자유로부터의 도피'에도 비슷한 사례가 있다. 독일에서 나치즘의 독재가 탄생한 것은 독일 사람이 그 자유를 현명하게 사용하지 못한 결과라는 것이다.

의무감을 가진 사람은 그 무게를 견디는 내적인 힘을 가지고 있어야 한다. 외부의 억눌림이 무의식으로 숨어 버린다거나 억압되어 왜곡된 마음으로 표출되지 않도록 바라보고 인정하는 지혜가 필요하다. 대나무가 곧게 자랄 수 있는 것은 그 매듭지음과 집중하는 데 있다고 한다. 뿌리의 영양분을 잎으로 분산하지 않고 줄기에 집중하면서, 적당한 성장 시점에 매듭을 지어 성찰하고 반성하는 시간이 바탕 되어 하늘을 향해 높게 곧게 자랄 수 있는 것이다.

기부를 하고 도움을 주며 베푸는 삶이 주는 기쁨이 이럴 것이다. 봉사도 해보면 좋아서 자주 하게 된다. 습관이 되면 자신의 처지보다는 타인의 형편을 먼저 생각하게 된다. 자신이 바로 서면 이 또한 이웃에게는 부담을 덜어주는 방편이 된다.

---

69) 부족의 속성이 잔인함인데, 부족 중에 두 사람은 선한 사람이라는 설정이 흥미롭다. 역사성을 중시하는 몽테스키외의 정신세계를 보여주는 부분이다.

효도

내리사랑이 자연스럽고 옳다고 생각한다. 자식을 돌보는 부모가 노년에 그 자식의 효도를 기대하지 않아야 한다. 자연의 이치에 순응하는 것을 선이라고 한다면, 그 이치에 역행하는 것을 악이라고 정의할 수 있다. 물이 높은 곳에서 낮은 곳으로 흘러가는 것처럼, 자연의 순행을 받아들이고 따라야 평안하다. 어린 시절에 가장 모욕적인 비난의 언어는 호래자식이라 부르는 것이다. 그 뜻은 부모 없이 자란 버릇없는 아이란 의미다. 그 단어의 이면에는 자라고 성장하는 과정에서 부모와 함께하는 밥상머리 교육을 받지 못하면 사회에 적합한 행동유형을 배우는 사회화의 과정에 문제가 발생할 소지가 크다는 뜻을 담고 있다. 요즘의 세태를 보면 그 말의 의미가 크게 와닿는다.

우리나라도 고령화의 시대에 접어들면서 급격하게 노년층이 증가하는 사회로 전환되고 있다. 노년의 증가 속도에 맞춰 정책이 따라가지 못하니 노인 빈곤과 노년의 건강 불평등으로 사회문제화 되고 있다. 준비되지 못한 수명 연장은 노년이나 그 자식에게 부담으로 작용하고 있다. 팍팍한 경제생활에서 연로한 부모님을 예전처럼 대가족이 봉양하기 어렵게 되었다. 핵가족화 된 사회에서 병이라도 가진 부모님은 요양병원으로 모시는 사례가 많다. 심지어는 건강한 노인도 자식들에게 부담을 주지 않으려 요양원으로 자발적으로 입소하는 사례도 흔한 일상이 되었다. 예전처럼 자식들이 지켜보는 옆에서 임종을 맞이하는 건 쉽지 않은 일이다. 외로움은 노년에 피할 수 없는 숙명이라고 위로해 봐도 노년의 부모님을 생각하는 마음 한구석은 늘 무겁기만 하다.

가까이에서 자주 살갑게 이야기 나누면서 손잡아 체온을 나눠주고 싶은데 마음 같지 않다. 고속기차로 공간이 단축되었지만 삶의 여유는 그 속도만큼이나 빠르게 줄어들고 있다. 급하게 빨리 도착한 고향에 계신 부모님을 뵙고 돌아오는 길도 서둘러 오래 머물지 못한다. 마음만큼 모시지 못하는 미안함으로 옆에서 간호하는 가족들에게 바라는 건 더 커지는 순간이 있다. 먼 옛날 연로하신 어른을 모시던 모습이 남아 지금 행동의 자양분이 되고 있다. 부모가 자식을 교육하는 가장 강력한 방법은 솔선수범일 것이다. 말과 행동에서 모범이 되어야 그 교훈이 오롯이 전해질 것이다.

제3편 행정 핵심어

행정과 관련이 깊은 개념어로는 공익, 공공성, 합리성, 능률성, 합법성, 효율성, 유용성 등이다. 대부분의 교과서에서 행정이념을 소개하면서 그 개념을 자세하게 설명하고 있으나, 공공성과 합리성의 개념에 관하여는 널리 사용되는 편인데도 그 개념을 자세하게 설명하고 있지는 아니하다. 공공성과 합리성은 독자들이 그 개념을 잘 숙지하고 있다고 간주하기 때문일 것이다. 자주 사용하는 개념어라고 해서 우리가 그 의미를 정확하게 알고 있지 못한 경우가 있다. 특히 현대사회에서 진실보다 현상과 감각기관을 통해 전달되는 느낌을 우선하면서 인간이 사용하는 언어는 휘발성을 강하게 띠게 되었다. 짧은 시기와 제한된 공간에서 그들만의 언어 사용에 활용되는 단어들은 영속성을 가지지 못한다. 이에 개념과 단어의 역사적인 고찰은 찾아보기 어려운 시대가 되었다. 이러한 문제를 의식하면서 강의에서 자주 언급될 행정학의 주요 개념을 정리하여 소개한다.

강한 정부와 민주적인 정부

미국을 건설한 지도자들의 서로 다른 관점을 통해 정치와 행정의 관계를 검토해 보기로 하자. 먼저 연방주의자인 해밀턴(A. Hamilton)을 추종하는 사람들은 공무원은 부를 축적하고 교육을 받은 계층으로 강한 중앙정부를 선호한다(연방주의자 또는 해밀턴 주의라고 한다).

다음 지방주의자(주정부주의자)인 제퍼슨(Jefferson)을 따르는 사람은 공조직은 국가 전반에 민주주의를 확산시키는 역할을 해야 한다고 보았다. 따라서 제퍼소니언(Jeffersonian)은 집행기구의 분권화를 선호하고, 집행권이 남용되지 않도록 통제시스템을 구축하는 데 관심을 쏟았다.

마지막으로 잭슨(Andrew Jackson)은 행정조직을 일반인에게 개방해야 한다고 주장한다. 행정은 정치조직과 국민을 연계하는 기구(apparatus)의 역할을 해야 한다고 보았다.

대통령실의 권한은 20세기 들어서면서 강화되기 시작했다. 루즈벨트(Franklin Roosevelt) 대통령은 1936년에 브라운로우(Louis Brownlow)를 브라운로우(Brownlow) 위원회 의장으로 임명하였는데, 그 위원회에서 대통령을 체계적으로 도와줄 스텝(대통령실)이 필요하다는 권고안을 채택하기에 이른다.

1939년 재조직법(Reorganization Act of 1939)를 통해 대통령은 행정조직을 재구조화할 수 있는 권한을 부여받게 되었다. 이로써 루즈벨트 대통령은 대통령실 조직(Executive Office of the President)을 창설하고, 대통령을 보좌하기 위한 6명의 직원(대통령실 수석)을 임명하게 된다. 현재는 약 2,000명에 달하는 대통령실 지원 인력이 상근하고 있다. 참고로 2010년 기준 미국 연방정부의 공무원은 280만 명에 달하고, 이외에도 160만 명의 군인을 보유하고 있다. 미 국방부와 연결된 민간산업 분야의 민간인은 200만 명에 달한다.

거래비용과 기회비용

거래비용이란 경제적 거래, 즉 교환 활동에서 야기되는 비용을 말한다. 크게 두 가지로 정의된다. 첫째, 거래비용은 제도(institutions)에 의해 발생하는 모든 비용이다.

제도는 조직, 시장 등을 포함한다. 제도에서는 조직이든 시장이든 거래비용을 극소화하는 것이 중요하다. 둘째, 가격 메커니즘의 비용(costs of the price mechanism), 즉 거래비용은 '시장 거래 수수료(a market trading fee)'이다.

많은 경제학자는 거래비용을 후자의 좁은 의미로 사용한다. 독자 여러분이 이 책을 구입할 때 얼마의 비용이 들었는가를 계산해 보기 바란다. 책값 이외에도 이 책의 가치를 판단하기 위해서 친구에게 간식을 제공했다면, 간식비용과 그 시간비용이 들었을 것이다. 또한 책을 구입하기 위해서 서점에 들렀다면 그 서점에서 이 책을 보유하고 있는지를 검색하는 데 투입된 정보검색 시간비용과 그 서점을 방문하는 데 투입된 교통비와 시간비용 등이 거래비용의 항목에 포함된다.

여기서 주의할 점은 동일한 활동에 대한 서로 다른 사람의 거래비용은 달라질 수 있다는 것이다. 책값과 교통비가 동일하다고 하더라도(교통비도 차등을 두고 있으니 달라질 수 있지만) 시간비용은 사람에 따라 달라질 수 있기 때문이다. 시간비용은 기회비용(opportunity cost)이다. 10분의 시간비용을 화폐단위로 환산하는 경우, 직장인이 업무를 수행하지 못해 1,000원의 소득손실을 본다면 그 1,000원이 기회비용으로서의 시간비용이 된다. 농업인이 그 시간 농토를 관리하지 못해 500원의 소득손실을 보다면 그 500원이 기회비용으로서의 시간비용이 된다.

기회비용의 개념은 버스요금 등 교통비용 정책에도 반영된다. 교통요금이 어린이, 성인, 노인으로 구분되어 있다면 그룹별로 기회비용이 다름을 반영한 것이다.

거래비용이론은 유사한 업종들이 모이는 현상을 설명하는데도 쓰인다. 의류매점들은 000시장에 많이 밀집되어 있고, 소위 먹자골목은 000동이 유명하다고 소문이 나면, 직관적으로는 유사업종이 모이면 서로 경쟁을 해야 하므로 판매수익 면에서 불리할 것으로 생각되지만, 의류를 구입하거나 음식메뉴를 결정해야 하는 고객의 입장에서는 정보검색비용을 줄일 수 있어 000시장이나 000동으로 간다. 해수욕장의 아이스크림 매점이 나란히 붙어서 영업하는 현상을 본다면 거래비용이론을 생각하라. 코즈이론(Coase Theorem)도 같은 맥락에서 이해된다. 관심 있는 독자는 코즈이론에 관한 논문을 읽어 보기 바란다.

거래비용의 관점에서 조직의 탄생을 설명해 보자. 자동차 메이커는 자동차를 만드는데 다양한 부품을 필요로 한다. 자동차 엔진, 브레이크 등 자동차 부품 공장들이 있다. 부품공장은 부품을 생산하기 위한 공정이 필요하다. 공정을 특화시킨 중소부품업체는 자동차 메이커에 의존하게 된다. 자동차 메이커가 차종을 변경하는 경우 부품업체는 공정을 변경하는 데 비용을 투입해야 할 것이다. 또한 부품업체가 부품을 제때 공급하지 않는 경우에는 자동차 메이커는 큰 손실을 입게 된다. 이러한 위험에 대비하기 위해서는 별도로 소규모 부품공정을 만들어야 할지도 모른다. 이 경우에 비용이 추가로 투입되어야 한다. 조직이 환경의 불확실성을 제거하는 방식의 하나로 흡수(co-optation)방식이 있다. 이와 비슷하게, 자동차 메이커와 부품업체 사이에 존재하는 위험요소를 제거하기 위한 방안이 두 조직을 합해서 하나의 조직으로 만드는 것이다. 부품업체와 자동차 메이커가 동일한 조직으로 편입한다면 수익과 비용을-위험요소를-내면화(internalization)할 수 있다는 것이다.

계약, 절차(Standard Of Procedure), 조직은 비용을 내면화하는 도구로 이해되기도 한다. 대기업이 이질적인 기업체들을 합병함으로써 대기업 군으로 조직의 규모를 확대하는 현상도 환경의 불확실성을 제거하기 위한 조직생리로 이해할 수 있다. 그러나 중소기업들을 대기업이 합병하는 현상은 국가 전체적으로는 바람직하지 않은 현상을 초래할 수 있다. 부분의 합리성이 전체의 합리성이 될 수 없듯이, 중소기업이 가진 다양한 장점들 예를 들면, 창의적인 아이디어 발굴이나 소규모의 실험 등은 사회발전의 원동력이 되기도 한다.

공개법(sunshine law)과 일몰법(sunset law)

공공행정을 매일 감시하는 기능은 국회(입법부)가 가진다. 여담으로 권력을 입법, 행정, 사법 등 3권으로 분리하는 아이디어는 몽테스키외의 법의 정신에서 발견할 수 있다. 주권은 양도 불가능한 단일의 것으로 간주하던 정치철학자들과는 달리, 국민의 재산권과 자유 등 기본권을 보장하기 위하여 권력을 분리하여 서로 견제(check and balance)하도록 하여 권력이 남용되지 않도록 하려는 실용적인 요구에 따른 것이다. 각각의 권력은 법을 제정하고, 집행하며, 판단하는 기능을 한계지어 절제하도록 한다. 몽테스키외의 행복은 절제와 균형에 있다고 할 것이다. 삼권 분립의 정신은 미국의 제정헌법에 크게 영향을 미치게 된다.

대한민국 국회는 입법기능과 국정감사 및 조사, 그리고 청문회와 보고 등의 수단으로 행정활동을 감시하게 된다. 의회의 비토권(Legislative Veto) 행사로 행정을 감시하는 방법으로는 각종 동의권과 승인권을 행사하는 경우가 해당한다. 대통령이 국회의 동의를 받아 국무총리를 임명하도록 하는 경우(헌법 제86조 제1항 참조)나 대통령이 계엄을 선포한 경우 지체 없이 국회에 통고하도록 하고 국회가 재적의원 과반수의 찬성으로 계엄의 해제를 요구한 때에는 대통령은 이를 해제하여야 한다(헌법 제77조 제5항)는 경우가 이에 해당한다.

국회(입법부)가 행정기관의 성과를 평가하고 성공적이지 못한 기관 또는 그 기관의 역할을 축소 또는 제거하기 위해 사용하는 통제장치로 일몰법이 있다. 행정기관의 과업은 한번 만들어지면 변화에 저항하면서 지속하려는 속성이 있다. 예산으로 추진되는 연구개발사업(R/D)의 경우도 한번 연구생태계가 조성되고 나면 없애거나 축소하기 매우 어렵다. 해마다 정부 예산이 증가하는 것도 이러한 속성에 기인하는 것이다. 재정지원을 줄이거나 없애는 결정은 그 대상 집단의 먹이사슬을 끊는 것이므로 형성된 집단의 반발과 저항을 가져오기 마련이다. 이에 일몰법은 정부 프로그램(과업)의 수명을 지정함으로써 향후 일몰시점에서 신중한 평가를 강제하기 위한 것이다.

공개법은 행정기관의 운영에 대한 투명성을 높이기 위한 조치이다. 행정기관이 환경으로부터 투입(input)을 받아 공공재와 서비스를 산출(output)하는 조직 내의 업무처리과정은 블랙박스(black box)취급을 받아 왔다. 행정법의 특별권력(신분)관계라는 개념도 행정의 비밀주의에 공헌했다고 본다. 정보화로 행정업무의 공개가 기술적으로 가능해졌고, 규제행정의 경우 업무처리의 공개가 부패방지 및 민원인의 협조 등 그 필요성이 있으므로 행정

절차법, 공공기관의 정보 공개에 관한 법률 등 행정기관을 시민에게 공개를 제도화하고 있다.

공익 (Public Interest)

행정은 공익을 추구해야 한다고 주장한다. 행정은 집합적으로 공유된 공공의 이익을 증진하는 데 기여해야 한다는 것이다. 공익은 개인의 선택과 이익을 단순히 합한 것이 아니라 공유된 이익과 공유된 책임성들로 창조되는 것이라고 한다.

정치인이나 선출직 공무원의 결정에 의존하는 것이 아니라 시민들의 대화와 협력을 통해 공동체의 비전과 방향 및 공유된 가치들을 숙의하는 과정을 중요하게 다룬다. 정부는 이러한 역할을 수행하면서 시민들의 담론의 장을 마련하고 제공해야 하며, 이를 통해 정부의 주된 존재이유는 공익을 형성하고 구체화하는 것이라고 본다.

스미스(Howard Smith, 1960)는 공익은 신화이긴 하지만 유용한 신화라고 하였다. 그만큼 공익을 정의한다는 것은 상황과 사람에 따라 다른 의미를 가져 한마디로 정의하기 어렵다. 어느 한 시간과 공간에 적합한 공익을 정의한다고 하더라도 시공간의 변화에 따라 공익의 개념을 맞춰 변화시켜야 하므로 영구불변한 절대적으로 공익을 정의하기란 불가능에 가깝다고 할 것이다. 공익을 규범적으로 정의하려는 입장에서는 현재의 상태를 설명하는 과학적 방법을 따르지 않고, 마땅히 무엇이 공익이 되어야 하는가를 규명하려는 것이다.

코크란(Cochran, 1974)은 공익은 특정 공공 정책을 평가하기 위한 윤리적 기준이 되고 정치가 추구해야 하는 목표가 된다고 정의한다. 공익은 정치문제에 적용할 수 있는 최고의 윤리적 기준이라고 한다.

행정학자들은 공익을 특정 계층이 아닌 다수의 많은 계층의 복지를 고려하는 것으로, 행정이 법을 집행하는 단계에서 지침과 기준이 된다고 한다(E.Pendleton Herring 1936). 반면 공익의 개념을 인정하지 말자는 입장이 있다. 공익 개념은 의미가 없고 중요하지 않다는 것이다. 공익은 측정할 수 없는 개념이고, 공익 또는 집단의지라는 개념은 타당하지 않다고 한다. 공익 이론이 실증적으로 검증될 수 있는 방식으로 공익과 행동 사이의 관계를 설명할 수 있어야 유용한데, 그렇지 못하다는 것이다. 공익을 정치과정의 산물로 보는 견해가 있다.

코크란(Cochran, 1973)은 공익은 이익이 통합되고, 균형을 이루고, 조정될 수 있는 정치 프로세스를 통해 구현된다고 보았다. 이러한 견해는 공익이 무엇인지보다 어떻게 공익에 도달하는지가 더 중요하다고 제안한다. 또한 합의주의자들은 공익을 공유가치에 기초한 공감주의로 본다. 공익이 모호하지만 가치 있는 까닭은 공공의 공유된 가치와 합의에 도달하기 위한 정책토론에 의미가 있다고 한다.

애플비(Paul Appleby, 1950)는 공익은 단순히 사적 이익의 총합도 아니고, 그 장점과 단점을 상쇄하고 남는 것도 아니며, 그렇다고 사적이익과 완전 별개의 것도 아니다. 많은 사익을 가진 시민으로부터 유래하는 것으로 인간이 고상한 열망과 가장 깊이 있는 헌신을 정부에 집중시키면서 사적 이익 사이에서, 사적 이익과 별도로 그 위에서 발생하는 독특한 것이라고 한다.

정치행정이원론을 주장한 우드로 윌슨과 굿노는 공익은 오로지 정치의 영역에만 속하는 것으로 간주했다. 행정에서 공익의 개념이 중요한 것이지만 공익은 오로지 정치인에게 직접적이고 피할 수 없는 것일 뿐 행정공무원에게는 영향을 미치지 않는다는 것이다. 굿노는 정치는 국가의지의 표현으로서 정의하고, 행정은 그 의지를 실행하는 하위 역할을 한다고 보았다.

1980-1990년대의 신공공관리론자들은 정부를 시장의 기업과 같은 선택을 강조하면서 개인은 사익에 기초한 결정을 한다는 전제를 받아들인다. 따라서 공익을 설정할 필요성을 부인하는 공익폐지론자에 가깝다. 공무원에 대한 공익의 일차적인 결정은 법률 또는 법원의 결정을 통해 행동하는 정치적·계층적 상급자의 행동에 따라 결정된다고 한다. 한편 신공공서비스론자들은 공무원은 시민들을 도와서 공익을 설정하는 데 중요하고도 중심적인 역할을 한다고 보았다. 집합적이고 공유된 시민의 이익들은 공무원의 의사결정행위에 의존한다고 보았다.

공익의 실체설은 사익과 다른 별도의 공익이라는 실체가 존재한다는 관점이다. 사회는 개인으로 환원할 수 없는 본질적인 실체가 있다고 보는 측에서 주장한다(집합주의적, 규범주의적 관점). 과정설은 개별 이익의 합계를 공익이라고 본다. 방법론적 개체주의를 따르는 다원주의적 관점을 따른다. 자유주의적 시장경제에 따라 개인의 이기심 추구가 전체 사회 이익의 극대화를 가져온다고 본다.

롤스는 공정성으로의 정의를 평등의 원칙과 차등(불평등)의 원칙으로 구성한다. 롤스의 해결법은 결과로서의 평등이 아니라 결과에 이르는 절차와 형식에 초점을 맞추고 있다. 게임의 규칙이 공정하다면 게임의 결과에 무관하게 공정성을 얻을 수 있다는 것이다. 정의의 제1원칙(평등의 원칙)은 타인들이 갖게 될 보다 큰 선을 위하여 소수의 자유를 뺏는 것이 정당화될 수 없다(공리주의 원리를 거부함). 헌법상의 기본적 인권에 관련한 권리들이 모든 사람에게 공평하게 주어져야 하는 것으로 인식한다. 정의의 제2원칙(불평등이 허용되는 경우)은 재산과 권력의 불평등을 허용하되 그 불평등이 그 사회의 최소 수혜자에게 불평등을 보상할 만한 이득을 가져오는 경우에는 정당하다(차등의 원리)고 한다. 교육받을 기회가 평등하게 주어진다면 재능의 차이에 따른 불평등은 인정되어야 한다(기회균등의 원리). 이해관계와 심리적 동기를 배제한 공정한 게임의 룰은 무지의 베일과 상호무관심한 합리성을 특징으로 한다(원초적 입장).

공공성과 합리성

공공성은 고대로부터 사용되어온 개념이다. 고대 로마 시대에 평민들은 그들의 요구를 지배층이 들어주지 않으면 로마를 떠나는 선택을 함으로써 지배 권력이 다수 평민들의 요구를 무시할 수 없도록 하였다. 로마의 공공성은 다수 평민들의 요구를 기반으로 정의되었다. 중세시대에는 영주가 공공성을 정의하고 그 범위를 정했다.

고대와 중세는 근대와 비교하여 공공성과 사적 영역의 구분이 명확하지 않았다. 근대 자본가 계급의 등장하면서 재산권과 자유권을 명확하게 보장받으려는 것이 사적인 영역을 명확하게 설정하는 계기가 되었다. 근대의 생명, 자유, 재산권의 보장을 위해 국가권력을 분리하는 권력분립의 원리가 등장한 것이다.

만인과 만인의 투쟁으로 알려진 홉스는 야경국가, 자유방임국가를 주장했다는 데 주의해야 한다. 자연 상태에서의 인간(인민이라고 한다)은 투쟁으로 갈등을 겪게 되므로, 인민이 가진 주권을 주권자에게 이양해야만 한다는 것이다. 주권을 이양받은 주권자(권력자)는 질서유지를 위해 국민을 지배하게 된다. 주권을 가진 인민이 그 주권을 주권자에게 이양하고 주권자의 지배를 받게 되는 지위를 가진 국민이 되는 것이다. 주권자인 국가는 국방 및 치안 등 질서유지기능만을 최소한으로 수행하고, 경제생활 등 다른 영역은 자유방임주의 정책을 시행한다는 것이다. 이로써 근대의 자유주의가 발달하게 된다. 홉스와 달리 루소는 자연으로 돌아가라고 하면서 태초의 인간은 서로 존중하고 평안한 관계를 맺고 있다고 보았다. 일종의 성선설에 가깝다. 인간이 수렵과 어로 생활로 생계를 유지하던 시대에 인간이 사냥으로 먹는 문제를 해결한다면 그날 정도 먹을 사냥으로 족한 것이다. 냉장고가 없던 시절에 사냥을 과하게 한다고 하더라도 그 사냥물을 보관할 수 없어 부패할 것이므로 무리하게 사냥을 할 필요가 없는 것이다. 이처럼 원시시대의 인간은 의식주의 필요한 최소한의 범위 내에서 협동생활을 영위하게 된다고 보았다.

그렇다면 공공성에 관한 홉스와 루소의 입장 차이를 구분해보기 바란다. 홉스는 질서유지 기능이 공공성의 범위에 속하는 것으로 보았고, 루소는 인간의 협동행위를 공공성의 특징으로 보고 있다는 것이다.

공공성이란 다수의 사람이 서로 연결된 그 어떤 성질이라고 정의할 수 있겠다. 경제대공황과 사회복지정책 등 국가의 개입영역이 넓어지는 시대적 배경으로 공공성의 정의와 그 범위가 확대되고 있다는 점에 유의해야 한다. 현대의 저출생 이슈 역시도 새롭게 등장한 공공성의 범주에 속한다고 할 것이다. 가정에서 아기를 출산하는 여부는 순수하게 가정 자체의 문제로 보았던 것에서 공동체의 몰락에 큰 영향을 미칠 것이라는 위기의식이 결합하여 사회공동체 문제로 전환하게 된 것이다.

여기서 하나 더! 주권은 분할가능하다고 보는 견해와 분할불가능하다고 보는 견해가 있다는 점에 유의해서 근대 권력 분립론자의 사상과 주장을 정리해 보기 바란다. 특히 우리에게 익숙한 삼권 분립 주장자인 몽테스키외는 미국의 대통령제에 큰 영향을 미친 사상가로 알려져 있다. 그가 쓴 문학작품, 페르시안 편지도 일독을 추천한다.

공공성과 어깨를 나란히 하며 행정학에서 중요하게 다루는 개념어는 합리성이다. 막스 베버는 관료제를 언급하면서 합리성이 증가하는 것을 근대의 특징으로 보고, 그 합리성이 세속화(secularization), 일상화, 또는 일반화되는 것을 근대화되는 것으로 보았다. 합리성의 정점에서 이상형(ideal type)으로서의 관료제의 등장을 설명하고 있다.

사회 전반에 합리성이 증가하는 현상을 의미하는 합리화(rationalization)는 문제해결능력의 향상을 뜻한다. 행정을 합리화한다는 뜻은 행정의 문제해결능력을 향상시킨다는 의미다. 베버의 관료제는 합리화의 조직적 결정체라고 할 수 있다. 문제해결에 기계적이고 도구적인 수단으로서의 관료제에 대하여 베버는 그 탁월한 문제해결능력으로 인해 오히려 개인의 자유를 억압하고 민주주의에 위협이 되는 관료제의 역설 현상을 우려하기도 하였다. 합리성과 합리화는 다양한 차원에서 논의될 수 있다. 베버는 이념형으로서의 행위 유형을 목적합리적 행위, 가치합리적 행위, 감정적 행위, 전통적 행위로 구분한다. 합리성은 근대 이성의 발견과 궤를 같이한다. 가치합리적 행위란 윤리적, 심미적, 종교적 등 행동 자체의 가치에 대한 의식적인 믿음에 의해 결정되는 행위를 말한다. 목적합리적 행위란 환경의 대상과 다른 사람의 행동에 대한 기대들에 의해 결정되는 행위로서 목적, 수단, 그리고 그 결과들을 합리적으로 계산될 때 행위는 도구적으로 합리적이라는 것이다.

한편 칸트는 인간이 이성을 사용하는 것을 계몽이라고 하였다. 아는 것을 두려워하지 말고(Sapere Aude), 정신을 사용할 용기가 계몽이라고 보았다. 칸트는 도덕원칙은 보편성을 가지고(제1원칙), 인간은 목적적 존재로 대우해야한다(제2원칙)고 주장하였다. 즉 인간은 자율적으로 이성을 사용할 능력을 가지고 있다는 것이다. 칸트와 마찬가지로 베버는 인간은 이성을 통한 자유의지로 스스로 목표를 세우고 그 목표를 달성하기 위한 수단을 찾는 합리적인 과정에서 자유를 느끼게 된다고 보았다. 근대의 자유주의 사상은 인간이 이성을 근거로 하여 목표를 자유롭게 설정할 수 있다는 것이며, 그 목표를 달성하는데 수단을 분석적, 계산적으로 즉 합리적인 방법으로 효율적인 대안을 선택할 수 있다는 것이다. 반면에 감정에 근거를 둔 감정적 행위나 전통에 근거한 전통적 행위는 이성의 자율적인 작동에 방해가 되는 비합리적인 행위라고 보았다.

합리화는 사회적 차원의 합리주의와 개인적 차원의 합리성으로 살펴볼 수도 있다. 사회적 차원의 합리주의는 사회 전반에 삶의 원리로 일상화되는 과정을 말하고, 개인적 차원의 합리성은 개인의 생각과 행동의 일반원리로 되는 과정을 말한다. 사회적 차원의 합리주의는 과학적 기술적 합리주의, 형이상학적 윤리적 합리주의, 실천적 합리주의 등의 의미를 포함한다. 개인적 차원의 합리성은 실천적 합리성(목적-수단의 관계를 정확히 계산하는 성향), 이론적 합리성(추상적인 개념을 통하여 실재를 파악), 실질적 합리성(계산에 의한 행동이 아니라 과거와 현재 및 잠재적인 가치에 의존하여 문제를 인식하고 판단), 형식적 합리성(보편적인 규칙이나 법칙을 전제로 수단-목적 관계에 관한 계산을 정당화) 등의 의미를 포함한다.

합리성을 요약해 보면 다음과 같다.

합리성이란 목표 또는 가치를 달성(도달)하기 위한 수단(계산)적인 작업이다. 계산의 근거는 이성, 추상적 개념, 가치, 법칙 등이다. 합리성은 과학과 유사한 의미로 간주해 보기 바란다. 베버는 전통이나 감정에 근거한 판단은 비합리적이라고 하였다. 베버에 따르면 실질적 합리성은 합리성과 비합리의 중간 영역에 위치할 수 있을 것이다.

공유지의 비극(The Tragedy of the Commons)

공유지의 비극은 환경(공유지)이 파괴되는 현상을 설명한다. 호랑이 등 야생동물은 멸종 위기에 처하는 데 반해, 돼지나 소 등 가축은 종의 번식이 지속되는 현상도 설명할 수 있다. 합리적인 인간(경제적 합리성, 이기심 인정)이 비용과 편익을 고려하여 행동 대안을 선택한 결과, 공유지의 목초가 고갈되는 현상이 나타난다는 것이다. 초원, 호수에 있는 고기(오스트롬(Elinor Ostrom)은 공공재와 구분한 공유자원이라고 정의하고, 어민들의 자율적인 협약에 의하여 자원고갈 또는 환경오염 문제를 해결할 수 있다고 한다. 이를 제3의 길이라고 표현하고 있다) 등 비배제성과 경합성을 가진 자원을 각 개인이 이기적인 선택에 따른 행동을 하는 경우 자원이 고갈(멸종)되는 현상을 공유재의 비극이라고 한다.

이 개념은 1968년 개릿 하딘(Garrett Hardin)에 의해 쓰인 기사 이후 일반인에게 알려지게 되었다. 공유지의 비극 현상은 죄수의 딜레마 이론으로 설명할 수 있다. 지구 온난화 등 지구환경오염 문제와 관련하여 깊이 있게 연구되고 있는 분야다. 공유지의 비극을 해결하는 방법으로는 정부의 개입, 사유재산으로 인정(사유재산권: 배타적 사용권, 양도권), 오스트롬이 제시한 공동체의 관리(수리계, 새마을 운동)의 방식이 있다.

국고채무부담행위

국고채무부담행위(「국가재정법」 제25조)는 예산을 구성하는 항목 중의 하나이다. 재정운용상 필수불가결한 경우에 법률에 의한 것과 세출예산 또는 계속비 총액의 범위 이외에 국가가 채무를 부담하는 행위로써, 미리 국회의 의결을 얻어야 하며 그 효력이 복수년도에 미친다. 국고채무부담행위는 국가가 채무를 부담하는 행위이며, 국회의 의결은 정부에게 채무를 부담할 권한만을 부여하는 것임에 유의해야 한다.

국고채무부담행위를 하고 난 후 다음 연도 등에 국고채무부담행위를 상환하는 지출행위를 하기 위해서는 다시 국회의 의결을 얻어야 한다. 즉 국고채무부담이 되는 행위를 하였을 때에는 그다음 회계연도 세출 예산에 계상하여야 한다. 보통 국고채무부담행위는 복수년도에 걸쳐 이루어지므로, 이는 회계연도 독립의 원칙에 대한 예외가 된다.

규제

규제란 인간이나 조직의 행위를 제한하거나 통제하는 것을 말한다. 법치행정의 원리에 따라 규제는 국회에서 제정한 법률에 근거하는 것이 원칙이다. 규제의 필요성이 인정되는 근거는 규제에 따르는 이익이 있기 때문이다. 규제이익보다 규제에 따르는 비용이 크다면, 유용성의 관점에서 그 규제는 폐기될 가능성이 높다. 국회에서 규제법률을 만들면 정부는 시행령과 시행규칙 등 규제집행을 구체화하게 된다.

규제를 설정하는 과정 및 집행하는 단계에서도 비용이 발생하게 된다. 규칙 제정에 따르는 관계부서의 협의와 정보획득비용 등이 필요하고, 감시와 처벌에 따르는 비용도 투입되어야 한다. 윌슨(Wilson)은 규제편익과 비용이 각각 집중되고 분산되는지에 따라 이익집단정치(규제편익과 비용 집중), 대중정치(규제편익과 비용 분산), 고객정치(규제편익집중, 비용분산), 기업가 정치(규제편익분산, 비용집중) 등으로 구분하고 있다.

울프(Wolf)는 비시장(정부)실패의 개념을 설정하면서 미시적 분리와 거시적 분리를 구분하고 있다. 미시적 분리는 윌슨의 고객정치모형과 유사하게 정부사업의 편익은 특정집단에 집중되나 그 비용은 납세자 일반대중에게 퍼져 있는 경우를 말하고,

거시적 분리는 윌슨의 기업가 정치모형과 유사한 것으로 복지사업 등 정부사업에 대한 수요는 다수이지만 그 재원은 소수가 부담하는 경우를 말한다.

내부화(internalization)

가격기구가 제대로 작동하지 못해 자원배분의 효율성(파레토 효율)에 실패하는 현상을 시장실패(market failure)라고 한다. 완전한 시장은 완전정보, 완전경쟁시장, 합리적 인간 등의 조건과 가정을 충족해야 하는데, 현실에서는 불완전 정보 등을 이유로 정보비대칭, 공공재와 무임승차, 외부성 등 주고받기가 제대로 활성화되지 못해 시장실패 현상이 나타나게 된다. 예를 들어, 흡연자로 인해 비흡연자의 건강 악화 또는 불쾌감이 증가되었을지라도 흡연자가 그 피해를 보상해주지 않아 거래가 이루어지지 않는 시장실패 현상(이것을 외부비경제라고 한다)을 겪고 있다고 가정해보자. 이 경우 정부는 흡연자만을 위한 부스를 만들어서 그 부스 안에서만 흡연하도록 하고, 흡연으로 인한 매연이 비흡연자에게 영향을 미치지 않도록 구역을 설정(zoning)하는 정책을 추진하게 된다. 공항에 흡연실이나 건물 내에 흡연 공간을 별도로 마련해 두는 것이 이러한 정책의 예이다. 구역설정(zoning)은 외부성(externality)을 내부화(internalization)하여 환경오염 행위를 억제하려는 것이다. 쉬운 예로는 자동차를 운전하면서 오염물질을 배출하는 사람에게 오염행위를 억제하기 위하여 자동차 매연을 운전자가 흡입하도록 자동차를 설계하는 것이 내부화 정책의 예시에 해당한다[70].

70) 경기도를 경기북도로 나누는 정책이 검토되고 있다. 분도를 설치하는 정책은 내부화와는 반대되는 것이라는데 주의해야 한다. 만약 경기남부 지역이 상대적으로 산업화 정도가 높아 지방세 부담을 많이 하는 데 반해, 경기북부 지역이 지방세 혜택을 누리고 있다고 한다면, 경기북도 분도 정책으로 북부지역의 세금지원액이 줄어들어 재정자립도에 나쁜 영향을 미칠 수도 있다는 것이다.

대표관료제

대표관료제는 공무원들이 성, 학력, 경제적인 지위 등에 있어서 사회적 대표성을 가져야 한다는 것이다. 공익을 공평하게 반영하기 위해서는 다양한 계층의 사람들을 공무원으로 적극적으로 선발해야 한다는 것이다. 지방대학출신 학생 또는 여성을 일정비율 강제로 선발하는 제도를 두는 것이 이에 해당한다. 공정한 시험제도 또는 공정한 평등만을 추구한다면 대표관료제 형성에 실패할 가능성이 높다.

라이퍼(Van Riper)는 대표적 관료제를 직업적·계급적·지역적 배경으로 보아 모든 계층, 모든 집단을 비교적 균형 있게 대표하는 사람들로 구성되어 대체적으로 그 사회의 에토스(ethos)와 태도를 반영하는 관료제라고 정의한다. 대표적 관료제를 주장하는 학자들은 정책을 집행하거나 결정하는 데 관료제에 대한 외부적 통제방안이 실효를 거두지 못할 때 이를 보완하는 장치라고 한다[71].

델파이 기법(Delphi Method)

전문가들이 직접 모이지 아니하고 우편이나 이메일 등 통신수단으로 의견을 수렴하여, 의견 조정 작업을 거쳐 합의를 도출하는 방식이다. 이는 전문가들 사이에서 발생할 수 있는 친분 등으로 연구커넥션이 문제해결 대안을 제안하는 데 영향을 줄 수 있으므로, 우편이나 이메일 등 연구자들 간에 서로를 알 수 없는 상태에서 각자의 제안을 받아 전문가의 제안 독립성을 보장하려는 것이다. 전문가들의 의견만으로 의사결정을 하더라도 큰 문제가 없는 경우에 델파이 기법을 활용하게 된다. 델파이 기법과 구분해야 할 의사결정 방법을 소개하면, 형식이 정해지지 않은 집단토론 상황에서 구성원들이 아이디어와 문제해결 대안을 자유롭게 토론하는 방법을 브레인스토밍이라고 한다. 문제해결에 참여하는 개인들이 개별적으로 해결 방법을 구상하고, 집단토론을 거쳐 해결방안에 대하여 표결하는 방법을 명목집단법(델파이 기법과 브레인스토밍을 단계별로 합하는 방식)이라고 한다.

---

71) 우리나라는 복지 수급자의 신청에 따라 국가 또는 지방자치단체가 지원하는 사례가 많다. 가장 큰 이유로는 모든 수급자에게 지원할 만큼의 충분한 복지재원이 마련되어 있지 못하다는 것이다. 지방자치단체에서 복지 대상자를 찾아서 지원하는 업무를 수행하는 '위원'이 중산층 이상의 경제적인 여건이 되는 사람들로서 수급자의 어려움과 그 생계 곤란의 정도를 파악하는 데 한계가 있으므로, 수급자에게 지원하는 위원회의 위원에 수급자를 포함하도록 하는 제안이 있다. 이 역시 대표관료제의 모습이라고 볼 수 있다.

어떤 의사결정방법을 활용할 것인가는 당면한 문제의 성격 및 조직의 문화 등을 고려해야 한다. 조직의 문화가 상명하복의 집권적인 문화를 가지고 있는 경우 각자의 생각을 자유롭게 표현하고 토론하기가 쉽지 않을 것이다. 조직의 관리자는 조직 외부의 환경으로부터의 요구에 노출되어 있어 정무적인 의사결정에 유리한 반면, 창구직원은 민원인의 직접 요구를 받아들이는 데 유리하므로, 고객 또는 시민의 요구를 행정에 반영하려면 그 요구를 민원담당자가 효율적으로 조직 내의 의사결정자에게 왜곡되지 않도록 전달하는 조직 설계가 조직을 존속하는 데 중요한 요건이 될 것이다.

무의사결정(non-decision making)

무의사결정이란 정책의제 선전 이전 단계에서부터 존재하는 권력작용과 그 영향력을 설명하는 개념이다. 행정법상의 부작위 개념에 가깝다. 사회학자 특히, 갈등이론자는 사회현상을 권력 작용의 억압과 강제 등으로 설명하고 있다. 현존하는 기성의 질서에서 이익을 보장받고 있는 기득권층의 이익에 방해되는 이슈를 미리 막으려는 권력작용을 무의사 결정이론이라고 한다. 무의사 결정이론가와 수정 엘리트주의자들은 다원론적 인식과 방법론을 비판한다. 다원론자들은 이미 진입한 정책의제들만을 대상으로 하여 대안 결정에 미치는 상대적인 영향력을 분석하는 데 분주하다는 것이다. 즉 무의사결정론자들은 의제를 제한하거나 거부하는 권력작용도 확인하고 측정하여야 한다고 주장한다.

민영화

민영화(공공의 소유에서 민간의 소유 또는 통제로의 전환)는 공공의 수요(public needs)를 재정의(re-define)하고, 정부의 기능과 역할을 다시 고려하는 새로운 방안의 하나다. 공공부문의 생산성을 높이기 위해 민간의 역할 범위를 확장하는 것이다.

민영화는 민간이 상수도시설 또는 교도소를 건축 또는 운영하고 청소와 선박 수리 등을 민간기업과 계약하는 것 등이다. 우리나라의 사회복지 정책은 비영리기관이 실행하는 사례가 많은데 정부가 비영리기관과 계약을 통해 공공서비스를 제공하는 것도 민영화의 한 모습이다.

민영화는 '보다 나은 정부' 즉 비용효과적인 측면에서 유리한 공공서비스를 제공할 것이라는 실용적인 가치, 관료제의 비대화로 인한 비효율과 비민주성을 교정하기 위해 '보다 작은 정부'를 지향하는 이념적인 측면 및 공공서비스에 대한 주민의 선택권을 확장하는 '더 나은 사회'를 구현한다는 주장을 근거로 한다.

공공서비스에 대한 주민의 선택을 다양하게 하는 가치는 자유와 연결된다. 전통적으로 국가와 정부는 평등과 정의의 가치를 구현하는 것으로, 민간 시장은 능률과 효율 그리고 자유의 가치에 중점을 두는 것으로 이해된다. 자원배분기구로서의 국가시스템(super-system)은 시장과 정부를 구성요소로 한다. 시장과 정부는 양극단의 스펙트럼에서 혼합된 모습으로 현실세계에 드러난다. 정부 관료제는 해마다 커지는 속성을 가진다. 전쟁을 거치면서 한번 비대화된 군대조직이 평화의 시대에도 그 규모를 줄이지 못하는 등이 그 예이다. 공무원 수, 재정과 예산, 조직과 직제, 정부의 기능 등은 외부의 강한 충격이 없는 한 증가하는 추세에 있다. 이처럼 정부의 규모가 증가하는 원인으로 공공서비스 수요 측면과 공급 측면으로 나눠서 살펴볼 수 있다. 수요측면에서 보다 많은 서비스를 필요로 하는 인구계층으로의 인구 구성이 변화하고, 1인당 실질소득이 증가하며, 교육과 복지, 고용, 주택 등 소득 재분배와 빈곤의 문제, 범죄와 전쟁 등 위험의 회피, 규모의 경제로 정부서비스는 그 가격이 저렴하다는 환상, 한번 만들어진 제도나 관습은 좀처럼 없어지지 않는 관성(이를 억제하기 위해 sun-set law 일몰법을 적용) 등이 공공서비스의 수요량을 해마다 증가하는 요인으로 작용한다.

공공서비스에 대한 공급 측면으로는 선출직 공무원들은 정부가 팽창하는 결정으로 상응하는 정치적 이득을 얻는다(정치인의 높은 시간 할인율)는 점, 정부지출의 증가는 관료의 임금, 지위, 특권, 부패 등 또 다른 예산의 증가를 초래하고, 산업화를 위해 국가의 명령과 통제가 효과적이라는 믿음, 초기에 대규모 투자를 필요로 하는(길게 늘어지는 평균비용곡선) 사회기반시설은 정부의 초기 투자 없이 시장에 맡겨서는 서비스 공급이 불가능하다는 점, 공직에 대한 수요, 공공서비스의 과잉생산 등을 꼽는다. 공무원이 정치적 행위를 허용하는 국가(과거 미국의 엽관제 시대 등)에서는 정권과 결탁하여 공무원의 자리 만들기 등 공급 측면에서의 확장 현상이 나타나기도 한다. 정부의 과잉 직제(인원), 과잉 지불, 과잉 설비 등은 정부 관료제의 X-비효율의 원인이 된다는 데 주의해야 한다.

민영화의 이론적 기초

정부와 민간의 역할을 어떤 기준으로 한계선을 설정할 것인가의 문제다. 사바스(Savas) 등 대부분의 시장과 정부 역할 연구자들은 재화와 용역(서비스)의 다음의 속성에 따라 집합적 생산과 소비에 유리한 것인지, 개별적 생산과 소비가 적합한지를 구분하고 있다. 즉 배제성과 경합성을 기준으로 한다.

시장에서 거래되는 대부분의 재화는 배제 속성을 가진다. 과일상점에서 과일 값을 지불하고 난 이후에야 과일을 가지고 나올 수가 있는 것이다. 과일을 소비함으로써 얻게 되는 효용과 만족(+, positive)에 상응하는 희생 또는 대가(price, -)를 지불해야만 하는 것이다. 시장이란 주고받기가 일상화되는 제도적 장치라고 할 것이다.

경합성이란 재화와 서비스를 소비하는 데서 나타나는 속성 값이다. 개별 소비재는 한 소비자가 이용하면 다른 소비자는 그 재화를 이용할 수가 없는데 이를 경합성이라고 한다. 한 사람이 사과 한 조각을 먹었다고 상상해 보자. 그러면 다음 소비자는 남은 사과 조각만 소비할 수 있을 뿐이다. 이러한 재화와 서비스의 속성을 경합성이라고 한다.

배제성과 경합성을 지닌 재화와 서비스를 사적재(private goods)라고 한다. 반면에 비배제성과 비경합성을 가진 재화와 서비스를 공공재(public goods)라고 한다. 대표적으로 공기는 순수 공공재에 속한다. 한 사람이 호흡하면서 공기를 소비하면서, 다른 사람의 산소 소비를 막기 위해 호흡을 막을 수는 없는 일이며(비배제성), 한 사람이 호흡했다고 해서 그다음 사람이 호흡하는 데 있어 공기의 양이 그만큼 줄어들지 않는다(비경합성)는 것이다. 공공재를 집합재라고도 하는데, 이러한 재화는 배제하는 데 막대한 비용이 들기 때문에 배제할 수 없고, 공급량이 각각의 소비자에게 균등하게 제공되어 소비에 있어 경합하지 않는다는 것이다.

공공재인 공기도 사유재로 전환되는 경우가 있다. 스위스 융프라우나 프랑스의 몽블랑 등 높은 산에 오를 때 휴대용 압축 산소통을 구매하기도 한다. 고산지대에서의 호흡 곤란을 해소하기 위한 것인데, 이 산소통에 든 압축산소는 시장에서 가격으로 거래되는 사적재(민간재)가 되는 것이다. 교통 흐름이 순조롭고 원만한 도로는 공공재에 가깝다. 누구나 자기 차를 운행할 수 있기 때문이다. 한편 정체가 극심한 고속도로의 경우는 타인의 소비(운행)으로 나의 소비(운행)에 지장을 초래하게 되므로 공공재의 속성을 잃게 된다. 정체로 인한 혼잡비용(congestion cost)을 줄여나가기 위해 도로공사에서는 요금소(toll gate)를 설치하고 통행료를 부과·징수[72]함으로써 과도한 도로 이용 수요를 억제하는 정책을 활용하게 된다. 도로를 이용한 대가(가격)를 지불하게 함으로써 시장재(민간재, 사적재)로서 공급하게 되는 것이다.

사유재와 집합재(공공재)의 중간 영역에는 공유자원(common resources)과 요금재(클럽재)가 있다. 공유자원은 오스트롬에 의하여 재조명된 재화인데, 오스트롬은 공유재의 멸종을 막기 위하여 정부가 개입하는 방식보다는 제3의 방식 즉 우리나라 새마을 운동과 같은 주민의 자발적인 조직체의 자율규제 방식이 실효적인 방안이라고 제안하고 있다. 공유자원으로는 호수 및 바다 그리고 그 물고기, 시골의 저수지의 물 등이 해당한다. 공유재는 비배제성과 소비에서의 경합성을 가진다. 공유재의 이용을 방치하는 경우 멸종의 위기에 직면하게 된다는 점이 특이하다.

마지막으로 요금제는 케이블 TV를 사례로 들 수 있다. 재화의 속성상 배제는 가능하나 소비에서의 비경합성(소비의 결합성)을 가진다. 배제가 가능하므로 가격을 설정할 수가 있다. 즉 케이블 TV 가입자에게 매달 일정 요금을 징수할 수 있고, 케이블 TV 공급 채널의 수와 질에 따라 차등요금을 책정할 수도 있는 것이다. 한편 케이블 TV 가입자 중에 한 사람이 TV를 시청한다고 하더라도 다른 사람의 TV시청에 방해를 받지 않는다는 점에서 소비에서의 비경합성을 가진다. 한 사람이 채널 50번을 시청하고 있는 중에 다른 사람이 같은 채널을 보더라도 서로 간에 아무런 영향을 받지 않고 TV 서비스를 제공받을 수 있다는 것이다.

사적재 및 요금재인 교육, 대중교통, (식료품) 등 생활필수품 등은 인간이 기본적인 생활을 영위하는 데 필수적인 재화와 서비스를 가치재라고도 한다. 가치재는 소비자의 지불의지(willing-to-payness)나 능력에 상관없이 누구나 그 최소한(minimum requirement)의 소비를 보장받아야 한다는 것이다. 대한민국 헌법 제31조에서도 누구나 교육받을 권리를 규정하고 있다. 의무교육은 무상으로 한다든지, 시내버스 요금을 무료로 하는 정책 등은 배제성을 가지는 재화의 속성상 가격을 설정하는 사유재의 성격을 가지는 재화에 대하여 정부가 공공재로 전환하여 집합적으로 공급하는 사례이다. 정부가 정의 또는 형평성 확보를 통한 불평등을 해소하기 위하여 사적재를 공공재 또는 공공서비스의 형태로 제공하는 사례가 확대되고 있다는 점에 유의해야 한다. 이는 현대사회에서 정부의 기능 확대 현상을 부채질하고 있다는 것이다.

---

72) 부과와 징수는 밀접하게 관련된 개념이긴 하지만, 개념상 구분해서 이해해 둬야 한다. 부과는 세금이나 부담금 등을 결정한다는 의미이고, 징수는 법에 따른 절차에 따라 세금 등을 실제로 거두어들이는 것을 의미한다. 통상은 부과금액보다 징수금액이 적은 경우가 많다. 왜냐하면 국가 또는 지방자치단체가 세금 등을 부과한 이후에, 그 납세 대상자로부터 이의신청 등을 받아, 재심사하여 부과금액을 면제 또는 감액하여 징수하는 사례가 있기 때문이다.

공공서비스의 전달체계

공공서비스의 전달체계를 살펴보자. 공공서비스의 전달은 생산자, 소비자, 제공자(중개자)로 구분할 수 있다. 공공서비스를 받게 되는 개인과 주민 그리고 단체 등이 소비자에 해당한다. 생산자는 정부나 지방자치단체 및 공공기관, 비영리기관 등이며 민간기업의 경우에도 공공재를 생산하여 공급할 권한을 받게 되면 그 서비스를 제공할 수 있다. 서비스 중개자 또는 제공자(provider)는 소비자에게 생산자를 배정하거나, 생산자에게 소비자를 배정하는 등의 역할을 수행하는 기관을 말한다. 정부가 직접 공공서비스를 제공하던 과거의 방식에서 탈피하여 현대사회에서 정부는 중개자로서 기능을 하고, 실제 공공서비스를 생산하는 사람은 민간인 경우가 많다. 예를 들면 도로를 포장하는 사업을 시행하는 경우 지방자치단체는 도로포장업자와 계약으로 그 포장 공사를 민간업자에게 맡긴다. 이에 민간업자는 공공서비스를 생산하는 것이며, 지방자치단체는 중개자로서의 지위를 가지게 된다.

공공서비스의 공급유형

공공서비스의 공급유형을 살펴보면, 정부서비스, 정부판매, 정부 간 협정, 계약, 면허, 보조금, 구입증서, 시장, 자발적 서비스, 자기서비스 등 다양하다(Savas 1987). 정부서비스는 정부기관이 공무원을 채용하여 공공서비스를 직접 생산하여 전달하는 것을 말한다. 즉 정부기관이 서비스 중개자이면서 동시에 생산자가 된다. 국영기업에 의한 기업 활동도 이에 속한다. 정부 간 협정에 의한 서비스 생산과 공급은 정부가 위임 또는 위탁의 방식으로 정부의 하부행정기관에게 위임하거나, 관련 지방자치단체 등 다른 공공기관에 위탁하는 방식을 활용하는 것이다. 정부는 위탁받아 서비스를 생산하고 공급하는 기관에 그 비용을 지불한다. 정부판매란 서비스를 정부가 생산하는 것을 말하는데, 민간인 소유의 스포츠 경기장의 질서유지를 사설 경호원을 고용하지 아니하고 경찰을 이용하는 경우가 이에 해당하는 사례다. 이 경우 민간인은 정부에게 그 비용을 지불하여야 한다. 이러한 관계는 시장(민간)과 정부가 대등하고 병립적이며 평등한 관계라는 전제에서나 실현가능한 모형이다. 전통적으로 정부 관료제를 특별권력(신분)관계로 간주하고, 민간보다 우월한 정부의 지위를 가진 경험을 한 우리나라에는 적용하기 쉽지 않을 것이다.

정부가 중개하고 민간부문이 생산하는 유형으로는 계약, 면허, 보조금 등이 있다. 정부계약은 재화와 서비스의 전달을 위하여 다른 정부 또는 민간기업 및 비영리조직과 계약을 맺는 것을 말한다. 면허는 서비스를 공급하기 위하여 이용되는 특허와 허가를 포함한다. 특허란 민간기업에게 독점적인 특권을 부여하는 것으로 대개 정부에 의한 가격규제정책을 동반한다. 면허는 택시면허처럼 일반적, 상대적 금지를 특정한 경우에 자연적 자유를 회복시켜주는 행정행위를 말한다. 면허는 요금제를 공급하는데 적합한 방식이다. 특허와 면허는 계약(정부가 비용을 부담)과 달리 서비스의 수요자가 그 비용을 부담한다는 특징이 있다.

사바스에 따르면 구입증서, 시장, 자발적, 자기 서비스 등은 민간부문이 중재하고 민간부문이 생산한다는 것이다. 우리나라의 구입증서제도와 사바스의 구입증서는 연구자의 배경이 되는 공간의 차이에 기인한 다름이 있음에 주의해야 한다. 구입증서(coupon)는 특정 재화의 소비를 특정 계층의 소비자에게 권장하기 위한 것이다. 경제학에서 현금과 쿠폰은 소비자 후생의 관점에서 현금지급이 더 나은 것으로 알려져 있으나, 현금을 직접제공하는 경우 소비자의 선택권은 넓어지는 장점이 있으나, 특정 재화를 소비하게 유도하는 측면은 약하므로, 구입증서 방식으로 재화와 서비스의 소비를 촉진하려는 것이다. 주택이용증서를 예를 들면, 소비자의 선택에 따라 주택을 임차하고, 집주인에게 임차료를 지불한 다음, 주택이용증서를 정부에 제출하여 임차료의 일부를 보전받는 방식이다. 보조금과 마찬가지로 구입증서 제도의 생산자는 민간이며, 정부와 소비자는 생산자인 민간기업에 돈을 지불하는 시스템이다. 구입증서는 보조금정책보다는 재화와 서비스를 자율적으로 선택할 수 있다는 점에서 더 소비자의 선택자유권이 높다고 볼 수 있다. 문화 및 의료 영역에서 구입증서정책이 활용되고 있다.

시장은 소비자가 서비스를 선택하여 결정하고 생산자인 민간기업을 선정한다. 대부분의 사적재와 요금제는 시장을 통하여 제공된다. 자발적 서비스는 자선조직의 활동이 이에 해당한다. 자선조직의 자발적인 노력으로 수요자에게 재화와 서비스를 제공한다. 오스트롬의 자발적 조직에 의한 제3의 길이 자선조직에 해당하는 유형이다. 자기서비스는 가족을 돕는 경우가 이에 해당한다. 가장 원초적이고 가장 광범위한 영역에 서비스를 제공한다.

민주주의의 가치(values of democracy)

민주주의의 개념을 정확하게 숙지해야 할 필요는 행정조직이 민주주의 가치에 공헌해야 한다는 당위와 연결된다. 그리스어의 데모스(demos)는 사람 또는 인민(people)을 의미하고, 크라티스(kratis)는 지배 또는 권위(authority)를 의미한다. 권위로 해석되는 authority는 계층과 명령의 속성을 가진다.

즉 민주주의는 국민 전체의 이익을 우선시하는 정치체제를 의미한다. 민주주의는 자유선거, 언론출판의 자유 등 정치적 자유권과 최소한의 경제권을 보장받을 권리 등 경제사회적 자유(적극적 자유권)를 포함한다. 자유와 평등의 가치를 실현하기 위한 참여와 자율성, 자기결정성, 자기책임성 등은 민주주의를 설명하는 매개변수들이다. 민주주의는 개념의 가방이라는 속설이 있을 만큼 다양한 개념변수를 포함하므로 한마디로 정의하기란 쉽지 않다. 그러나 행정이 지향하는 가치의 하나이므로 행정학을 공부하는 학생은 민주주의 개념을 명료하게 정의해 나가야 할 것이다.

소외(alienation, estrangement)와 목표-수단 전치주의

1960년대 이후 국가행정은 사회복지정책을 그 기능으로 포섭하게 된다. 1930년대 경제 대공황을 극복하기 위해 경제 영역에 개입한 정부는 이제 사회적 불평등의 영역으로 확대하게 된 것이다. 소외는 사회학에서 관심 있게 다루고 있다.

일반적으로 어떤 무리에서 따돌림을 당할 때 소외감을 느낀다고 표현한다. 마르크스주의자에게 소외란 인간의 행위로 나타나는 것(pragma)이 인간으로부터 분리되어, 분리된 그것이 인간을 지배하는 현상을 말한다. 예를 들어 노동자(인간)가 상품을 만드는 주체인데도, 그 물건에 도리어 인간이 지배당하고, 복종하는 것을 상품(제조 물건)으로부터 소외되었다고 한다.

즉 소외란 인간이 행위를 통해 만들어낸 그 무엇을 인간이 통제 내지는 인간의 영역에서 다루지 못하고 떨어져나가 그것이 인간을 통제하는 전도(displacement)되는 현상을 말한다. 소외란 행정학의 관료제 이론에서 관료가 목표를 달성하기 위한 수단이라고 할 규칙과 SOP(standard of procedure, 업무처리 절차 또는 규칙)에 집착하면서 그 본래의 목표를 상실하는 주객전도현상과 비슷한 개념이다.

소외의 estrangement 단어를 보면, 'strange(이상한)'가 숨어 있다는 점에 관심을 두기 바란다. 인간이 사물에 부여된 당초의 정의를 뒤집어 정의해야 할 때, 낯설고 이상하다는 것이다. 인간이 만든 물건과의 당초의 관계는 인간이 주인이고 물건이 인간의 욕구를 충족시켜주는 수단일 것인데, 나중에는 물건을 숭배하는 물신현상이 나타나는 것이 소외의 한 모습이다. 화폐도 물건을 교환하는 매개로서 탄생한 수단적인 것인데도, 인간은 돈을 숭상하면서 인간이 돈의 지배를 받는 전도현상이 나타나는데 이 또한 소외의 다른 예시다. 소외의 개념을 학습하면서 세상의 원초적인 이치와 사물의 관계에 관한 성찰을 하는 기회를 가져야 할 것이다.

마음먹기 달렸다

우주 만물 중에서 인간은 참 독특하다. 이성과 감정 그리고 의지를 가져 자신을 대상화·객관화해서 관찰하는 존재다. 죽음을 미리 인지하고 자살을 시도하기도 하고 정신병을 앓기도 한다.

다른 동물과 달리 생각이라는 것을 가지고 있어 환상이나 몽상에 빠지기도 하고, 알 수 없는 두려움과 불안에 시달리기도 한다. 현상학과 해석학이 행정학에 도입되면서 관찰의 대상이 객관적으로 존재하는 것이 아니라 인간이 그 대상을 해석한 결과라는 간주관성(inter-subjectivity)을 가진다고 한다. 인간의 생각과 상상력은 우주의 존재와 시간과 공간까지도 찰흙 주무르듯이 변경하기도 한다. 플라톤의 이데아와 동굴 속 그림자의 비유를 통해 진실과 현상을 구분하는 이분법적인 사고가 현대 포스트모더니즘의 시대에서 크게 전환되고 있다.

디지털 게임 기술의 발달로 가상현실이 현실보다도 더 실재로 인식되는 초현실주의(hyper-reality)가 지배하고 있다. 사이버 세상의 게임에서 승리한 사람이 현실 세계에서도 승리자로 행세하는 것이 대표적인 사례이다. 명품이 주는 이미지를 사기 위해 비싼 가격을 지불하는 현대인의 모습에서 생각과 상상 그리고 환상이 얼마나 생활 속 깊은 곳에까지 영향을 미치는지를 짐작게 한다. 조울증과 우울증도 생각과 그 생각을 조종하는 깊은 무의식의 작용 때문일 것이라고 한다.

미셸 푸코는 정신병의 정의가 시대적으로 달라지면서 그 사회적인 취급도 변화하고 있다고 설파하고 있으나, 망상으로 고통받는 현대인이 늘어나고 있는 것 또한 주목해야 할 점이다. 사실적으로 존재하는 대상을 인간의 주관적인 생각이 마음대로 조작할 수 있다는 점은 한편으로 인간의 무한한 가능성의 광장을 열어주는 측면이 있는 반면에 헛된 망상으로 인한 부질없는 고통에 빠뜨릴 이중성을 제공하는 것이다. 진실이 존재하는 것인지, 진실은 어떤 속성을 가진 것인지는 인간의 생각과 상상에 따라 정의될 추상적인 그 무엇일 것이다. 진실을 외면하는 현대인은 나침반과 방향을 잃고 표류하는 길을 잃고 방황하는 방랑자와 같은 처지다.

근대의 이성주의, 합리주의를 버리고 감정과 느낌으로 현상과 그림자만을 추종하는 현대를 사는 인간은 생각의 방향과 기준을 상실한 채 그때그때 즉흥적으로 삶을 살아가는 의미를 잃은 존재로 남지 않도록 돌아봄과 성찰의 기회를 가져야 할 것이다. 이러한 영역에 관하여 행정도 방향제시를 할 수 있어야 한다.

비용효과분석

비용효과분석은 어떤 대안이 실행하는데 투입되는 비용과 그 실행으로 얻게 되는 편익으로 목표를 달성하는 정도를 비교하는 것이다. 특정 프로젝트에 투입되는 비용들은 금전적인 가치로 환산하나, 그 효과 또는 산출은 금전적 가치로 환산하기 어렵고-현금 가치로 표현되는 것도 있지만- 산출물 그대로 분석에 활용하는 특징을 지닌다.
공익을 추구하는 공공부문에서 외부효과나 무형적 또는 질적 가치의 분석을 무시할 수 없으므로, 공조직의 활동에 비용편익분석(비용편익분석은 투입에 의해 발생되는 편익이 현금가치로 표현된다. 경제적합리성과 능률성제고 및 비용은 기회비용, 편익은 소비자 잉여와 부정적 효과도 포함하는 사회의 실질적 편익, 직접적 간접적 유형적 무형적인 것 모두 포함한다. 할인율을 통해 미래의 비용이나 편익을 현재의 가치로 환산하여 평가한다).을 전면적으로 도입하는데 한계가 있다.
따라서 비용효과분석이 비용편익분석보다 공공부문의 분석에 적합하다 정책분석과 체제분석을 비교해 보기 바란다. 정책분석은 정치적 합리성과 공익성을 중시하고 계량분석 외에 질적 분석도 중시한다. 체제분석은 경제적 합리성과 계량분석을 중시한다.

사이버네틱스 모형

의사결정의 한 유형으로 사이버네틱스 모형을 소개한다. 미사일이 목표물을 명중시키는 과정을 상상하여 보자. 미사일이 발사되면 목표물을 직선으로 타격하는 것이 아니라, 목표물의 위치 변화에 반응하여 미사일도 그 방향을 계속 수정하면서 목표물을 명중하게 된다. 즉 상대방(목표물, 환경)을 통제할 수 없는 상황에서는 목표물은 미사일의 의도와 달리 그 위치를 변경하므로, 조직이 환경의 변화에 맞춰 적응하고 생존하는 방식이다. 정보망에서 신호를 전달할 때 잡음(noise)을 의도적으로 넣어서 정보를 정확하게 전달하려는 것도 이와 유사한 원리이다. 사이버네틱스 모형은 조직이 직면하는 환경이 시시때때로 변한다는데 주목하고, 기존의 조직 운영방식인 SOP(Standard of Process) 또는 업무처리규칙에 따르지 않고, 변화하는 상황에 신축적으로 조직의 대응을 전환하는 것을 말한다.
제한된 합리성 이론(H. A. Simon), 하위 목표 식별론(sub-goal identification, 공식적인 조직 목표보다 의사결정자의 지식, 경험, 조직 환경, 개인의 이기심, 권력욕구 등이 조직의 의사결정의 주요한 고려요인이 된다는 이론), 유인-기여이론(C. I. Barnard, 조직 행동을 연구하면서 조직에서 제공하는 유인과 조직의 구성원이 조직에 제공하는 기여에 관심을 가짐, 유인과 기여의 측면에서 조직행동을 연구, 조직 내에서의 기회주의적 행동 분석), 조직의 느슨함과 낭비적인 요인(organizational slack, Cyert-March이론, Leibenstein의 X-비효율 이론, 조직이 100% 완전한 효율성을 달성하지 못하는 현실을 지적하는 이론. 고전주의 경제학에서 가정하는 완전정보, 합리성 등에 대한 가정은 비현실적이라고 지적) 등과 연계하여 학습해 두자.

선택적 지각

선택적 지각(Selective Perception)'이란 외부 정보를-객관적으로 받아들이지 않고- 기존 인지체계와 일치하거나, 자기에게 유리한 것만 선택적으로 받아들인다는 심리적 현상을 말한다. 비슷한 개념으로 '칵테일 파티 효과(Cocktail Party Effect)'가 있다.

소리가 식별 안 되는 시끄러운 파티장에서도 자기 이름을 부르는 소리는 잘 들린다는 것이다. '인지 부조화(Cognitive Dissonance)'라는 것도 있다. 자기 태도와 행동 사이에 불일치가 생기면 그 불편함을 해소하기 위해 태도에 행동을 맞추기보다 행동에 맞게 태도를 바꾼다. 이 역시 유리한 정보만 택하는 선택적 지각과 비슷한 심리 기제이다.

시스템

시스템이란 일정한 목적을 달성하기 위한 구성요소들의 집합을 말한다. 시스템은 하위시스템으로 쪼개어서 분석하기도 하고, 상위시스템(수퍼시스템, super-system)으로 통합하여 전체적으로 조감하여 연구하기도 한다. 시스템으로서의 조직은 사람과 물적 자원, 그리고 업무와 조직의 목표 등이 상호 연계되어 있다. 조직이 개방시스템으로 존재한다면, 조직은 환경의 인적자원과 물적 자원, 그리고 정보와 지지 등을 투입요소로 받아들이고, 조직은 재화와 서비스(용역) 등 산출물을 환경에 제공하게 된다.

성과평가를 통한 피드백(환류) 과정을 거쳐 조직의 과제나 목표를 조정하면서 조직은 환경에 맞춰가게 된다. 조직과 환경이 비슷하게 닮아가는 거울효과(mirror-effect) 현상이 나타나기도 한다.

신제도주의

1950년대 이전의 구제도주의는 주로 개별국가의 상이한 행정적, 법적, 정치적 구조들의 세부적 형태(detailed configuration)에 대한 연구를 말한다. 구제도주의에 대한 비판으로 행태주의가 등장하면서 제도들의 비공식적 권력배분, 태도 등을 경험적이고 계량적으로 분석하였다.

행태주의만으로 설명하기 어려운 국가 간의 다양한 현상을 설명하기 위하여 1970년대 등장한 신제도주의는 합리적 선택 신제도주의(경제학적), 역사적 신제도주의(정치학적), 사회적 신제도주의(사회학적)로 분화·발전하였다. 합리적 선택 신제도주의는 제도와 규칙이 거래비용을 낮춘다는 데 주목하고 있다.

제도는 집합행동의 딜레마를 해결하는 역할을 한다. 개인의 선호는 안정적이고 선험적으로 주어진 것으로 가정하고, 제도의 의도적 설계와 균형의 개념을 강조한다. 기존의 관료제 모형이 효율성과 합리성을 확보하기 위한 수단이라고 보았다. 사회학적 신제도주의자들은 현대조직에서의 제도와 절차들이 합리성과 효율성 때문에 채택된 것이 아니라 그 사회의 신화와 의식과 같은 맥락에서 출발하여 조직화된 독특한 관습으로 보아야 한다고 주장한다. 제도를 단순한 공식적 규칙, 절차에 그치지 않고 상징체계, 인지적 기초, 도덕적 기반을 포함한다. 역사적 제도주의는 1960, 1970

년대 집단갈등이론과 구조기능주의로부터 발전하였다. 제도나 정책을 개별행위주체들의 행위의 결과가 아니라 관련제도의 결과라고 한다.

실적주의, 엽관주의

인사제도는 크게 실적주의와 엽관주의로 구분한다. 대통령이 장관을 임명하는 것은 엽관주의에 가깝고, 각종 공개경쟁채용시험을 통해 공무원을 선발·임용하는 것은 실적주의에 가깝다. 엽관주의는 전리품 행정이라고도 하는데, 미국에서 엽관주의의 폐해를 막기 위해 1883년 1월 16일 의회에서 승인을 받은 펜들턴 법(Pendleton Act, 1883)에서 연방정부의 직위 부여는 실적주의에 기초하고, 공무원은 공개경쟁채용시험을 통해서 선발하도록 하였다. 공무원의 정치활동을 금지하고, 정치적인 이유로 해고를 금지하도록 하였다. 공무원 인사를 공정하게 처리하는 공무원 위원회(The Civil Service Commission)을 설치하는 것을 내용으로 하는 법이다.

연쇄적 착오

연쇄적 착오란 어느 하나의 평정 요소에 대한 평정자의 판단이 다른 평정에도 연쇄적으로 영향을 미치는 것을 말한다.
ERG(생존, 관계, 성장)이론

ERG 이론은 1972년 심리학자 앨더퍼(C. Alderfer)가 인간의 욕구에 대해 매슬로우의 욕구 5단계설을 발전시켜 주장한 이론이다. 인간의 욕구를 중요도 순으로 계층화했다는 점에서는 매슬로의 욕구단계설과 동일하게 정의하지만, 그 단계를 5개에서 3개로 줄여 제시하였다는 점과 직접 조직 현장에 들어가 연구를 실행했다는 점에서 차이를 보인다. 한 가지 이상의 욕구가 동시에 작용할 수 있으므로 인간의 행동은 욕구들의 복합적 성격을 추구하고 있다. 3단계의 욕구는 존재욕구(existence needs), 관계욕구(relatedness needs), 성장욕구(growth needs)로 구분한다.

일선관료제

립스키의 일선관료제 이론은 최일선 관료들의 임무수행과정을 중심으로 정책집행의 요소들을 제시한 상향식 접근 이론이다. 일선관료는 정부를 대신하여 시민에게 정책을 직접 전달하는 역할을 한다. 일선 관료가 처한 업무환경은 만성적으로 불충분한 자원 환경(시간과 자원의 부족), 권위에 대한 위협과 도전(사회취약계층의 서비스 욕구로부터 신체적, 심리적 위협에 직면), 모순되거나 모호한 역할 기대(동료, 조직, 공공의 기대와 목표에 따른 서로 다른 기대에 직면), 성과평가의 어려움(수행업무의 세세한 과정설계 곤란), 서비스 제공대상자의 취약성 및 비자발성(서비스 대상자는 정책 이해도나 정보력이 낮아 일선관료의 재량권 통제 안 됨) 등이다.

일선관료는 비자발적인 대상자를 상대하면서 업무를 신속하게 처리하기 위해 대상을 단순화하고 업무를 정형화한다. 서비스를 받을 만한 대상자와 아닌 대상을 단순화하는 과정에서 개인의 가치와 경험, 편견이 작용한다. 예상하지 못한 상황발생에 대비하여 여유시간을 확보하고, 처리하기 어려운 난제를 전문가에 의뢰하거나 조직 내의 고충처리 제도를 이용하는 등 업무를 정형화한다. 단순화와 정형화의 반복은 관행으로 굳어지고, 제도적인 기제를 형성하게 된다. 립스키의 일선관료제 이론은 일선 관료가 욕구를 지닌 주민과 대면하는 과정에서 발휘하는 융통성과 재량의 중요성을 발견하였다는 데 의의가 있다.

입법지원기구

입법부인 국회에도 행정이 존재한다. 즉 국회사무처, 국회도서관, 국회예산정책처, 국회입법조사처 등 입법기관(국회의원)의 입법 활동을 제도적으로 지원하고 보장하기 위하여 행정업무를 전문적으로 수행하는 행정기관들을 말한다.

입법지원기구를 두는 형태 또는 내용은 국가별로 상이하다. 우리나라는 미국 의회의 입법지원기구와 유사한 형태를 가지고 있다. 과거에는 법을 통과시키는 제도로 인식되어온 국회(의회)가 정보통신기술의 발달 및 행정의 역할에 대한 인식 변화 등으로, 국가 정책을 주도하는 국회의 역할이 상대적으로 강화되고 있는 추세이다.

행정이 국가발전을 주도하던 산업화 시기에는 지식과 정보를 행정조직이 독점하였으나, 정보공개법 등 행정의 투명성이 제도화되고 행정정보에 대하여 의회와 국민의 접근이 가능해지면서 행정부의 정보독점은 불가능하게 되었다. 민간과 국민의 정보우위 현상이 대두되고, 행정 공무원의 책임 회피 성향으로 중앙행정 공무원이 직접 공공재를 생산하지 아니하고 그 역할을 산하기관 또는 민간으로 위임 및 위탁하면서 중요한 정책 결정을 의회에 미루는 현상이 빈번하게 나타나고 있다.

의사결정 모형

사회문제가 정책의제(공식의제, formal agenda)로 전환(선정)되면, 그 의제가 포함하고 있는 문제를 해결하기 위한 노력이 전개된다. 본격적인 정책 결정 과정이 시작된다. 정책 결정 방식도 독재자가 결정하는 방법, 다수결로 정하는 방법, 합의(만장일치)로 결정하는 방법 등 다양하다. 정책 결정 과정이란 문제를 해결하기 위한 다양한 대안을 고안하고 그 중에서 하나의 대안을 선택하는 과정이다. 즉 정책의제가 담고 있는 문제가 무엇인가를 확인하고, 그 문제의 범위를 설정하는 것이다. 문제는 현실과 목표의 차이이므로 목표(선호)가 달라지면 문제도 달리 변하게 된다. 또한 현실 인식이 다른 경우에도 문제의 정의가 변하게 된다. 문제가 정의되고 나면, 문제에 관련한 자료를 수집·정리하여 문제를 분석한 후, 문제해결에 필요한 대안을 발굴·검토하는 단계를 거친다. 이 과정에서 델파이 기법, 브레인스토밍 등 다양한 미래예측 및 의사결정 기법을 적용하게 된다. 대안들이 마련되면 그 대안들 중에서 가장 최적이라고 판단되는 문제해결 방안을 선택하고 그 방안을 기획(planning)하게 된다. 대안을 마련하고 선택하는 과정에서 정책결정자의 만족을 기준(수준)으로 하는 모형을 만족(satisfaction)모형이라고 하고, 과거의 선택과 경험을 기준으로 하는 모형을 점증(incremental)모형이라고 하며, 모든 가능한 대안들을 검토한 후 대안들을 비용·편익 분석으로 가장 합리적인 대안을 기준으로 하는 모형을 합리(rational)모형이라고 한다.

정책과정

행정이 목표 또는 목적을 달성하기 위한 정책을 결정하고 집행 및 그 평가 등을 정책과정이라고 한다. 좁게는 정책결정과정을 의미하고, 넓게는 정책의 계획(plan), 실행(do), 평가(see)를 포함한다. 정책은 의제설정단계(agenda setting stage,) 정책형성(policy formation), 정책 정당화(policy legitimation), 정책 집행(policy implementation), 정책 평가 및 전환(policy evaluation and change) 등의 단계를 거친다.

의제(agenda) 설정의 단계에서는 정책은 정책결정자의 관심을 유발해야 한다. 정책이 중요하고 시급하다고 인식되어야 한다. 대통령, 국회의원, 고위공무원, 정당, 이익집단, 언론 및 대중의 의견들이 정책 의제를 형성하는 데 영향을 미친다.

콥과 엘더(Cobb & Elder)의 정책의제 설정의 일반적 과정을 보면, 사회문제가 (주도자와 점화장치를 통한) 사회적 이슈로 전환되고, 공중의제 또는 체제의제를 설정(대중의 관심, 문제해결에 관한 공감대 형성, 문제 해결이 정부의 권한에 해당할 것)하며, 정부의제를 설정하게 된다. 주도집단에 따라 정책의제 유형을 분류하면, 다원화된 민주주의 사회에서는 외부주도형 정책의제 형성이 이루어지는 경우가 많고, 정책결정이 점증적이다. 동원형은 정부 내의 정책결정자들이 주도하는 유형으로 새마을 운동 등 구체적인 정책 내용을 결정하기 위하여 공중의제화 과정에서 여론을 조성하는 노력을 하게 된다.

내부접근형은 음모형이라고도 한다. 정부기관 내의 정책결정자에게 쉽게 접근할 수 있는 외부집단에 의해 주도되어 문제를 정부의제화하는 유형이다. 동원형의 주도집단은 최고통치자인 것에 반해, 내부접근형은 고위 공무원이 많다. 내부접근형을 음모형이라고 부르는 까닭은 정부 PR 등 공중의제화하는 것을 오히려 막으려 하는 경향이 있기 때문이다.[73]

---

73) 동원형, 내부접근형 등 정책의제 형성의 유형을 중요하게 다루어진 때가 있었으나, 정책의제 형성이 다원적이고 외부주도형으로 전환되면서, 정책의제 유형에 관한 논의는 줄어들고 있다. 행정이론은 그 사회의 적합성과 필요성에 따라 달라진다는 점을 이해하기로 하자.

정책문제

정책의제란 목표와 현실 간의 차이(문제)들 중에서 개인이나 집단에서 문제라고 제기되어 권한 있는 정책결정자가 정책문제로 공식적으로 다루기로 선택한 이슈를 말한다. 한편, 전문가의 문제 분석은 정책 대안을 비교·평가하는 정책 분석 단계에 영향을 미친다는 데 유의해야 한다. 문제의 범위가 넓고, 사회적 파급도가 커서 사회적으로 중요하다고 인식되는 경우 정책의제로 채택될 가능성이 높다. 또한 문제가 추상적인 성격을 띠는 경우에 구체성을 가진 문제보다 상대적으로 정책의제로 채택될 가능성이 높다.

문제의 성격이 지나치게 기술적이고 구체적이라면 일반인의 관심이나 인식형성에 불리하므로 정책의제로 채택될 가능성이 낮게 된다. 즉 일반인들이 쉽게 이해할 수 있도록 문제를 일반화시키는 등의 전략이 있어야 정책의제로 채택될 가능성이 높아지게 될 것이다.

정책집행

정책은 plan-do-see의 과정적 관점에서 살펴볼 수 있다. 정책이 결정되고, 집행한 후에 그 평가와 환류(feedback)를 거치게 된다. 논리적으로 정책결정과 집행 및 평가를 구분하지만, 현실 행정에서 정책집행은 정책결정을 포함하게 된다. 대안을 선택하고 그 대안을 실행하면서도 다양한 형태의 결정이 이루어지게 된다. 정책결정자들이 모든 상황을 고려하여 정책 대안을 마련하지 못하고, 설사 그렇게 한다고 가정하더라도, 환경은 수시로 변하므로 정책결정 당시의 환경과 집행 당시의 환경(또는 기술)이 동일하지 않기 때문이다. 정책집행 지역이 도시인지 농촌인지, 가까운 미래인지 먼 미래인지 등 시간과 공간의 차이에 따라 집행의 정도가 달라져야 한다는 점도 집행과정에 결정이 개입하는 요인이 된다. 입법부가 정책을 법률로 만들더라도, 그 세부적인 내용은 행정입법(시행령, 시행규칙)으로 위임하는 것도 결정과 집행이 상호 교류하는 현실을 반영하는 제도이다.

정책집행에 영향을 미치는 변수는 정책의 성격 및 종류(규제정책, 조성정책, k 분배정책), 정책입행자의 수준 및 능력, 정책 환경(안정적, 유동적, 기술 발달 정도), 자원과 정보 등이다. 현대사회에서의 정책집행이 과거와 달리 더 주민의 요구에 적합하게 반응할 수 있게 된 것은 정보통신기술과 인터넷의 발달에 기인한 바가 크다.

조직의 구조[74)]

조직은 문제해결을 위한 도구(수단)이다. 조직이 해결해야 하는 문제의 종류와 성격, 양과 질에 따라 조직구조의 모습은 달라진다. 가장 전형적인 조직구조는 막스 베버(M. Weber)의 관료제이다. 교통통신의 발달과 시민의 선호 다양성 등으로 조직이 복잡하고 다양한 문제를 해결해야 하는 상황에 직면하게 되었다.

매트릭스 구조는 기능별(해정, 전산, 예산, 구매, 인사, 기획 등) 구조와 사업 부문별(제품별, 서비스별, 고객별, 지역별) 구조를 합한 것이다. 매트릭스 구조는 한 직원이 두 상관과 관계를 가진다. 네트워크 구조는 몇 가지 유형으로 구분할 수 있다. 첫째, 영화제작의 사례처럼 동일한 목적을 일시적으로 집단 연합하는 opportunity network, 둘째 재벌의 사례에서 보듯이, 다른 시장에 속한 다양한 집단들이 제휴하는 inter-market network, 셋째, 단일 조직이 내·외부에서 판매 가능한 sub-unit을 독립시키고 거래하는 internal-market network, 마지막으로 핵심조직이 한 과정 속에 다양한 조직, 원료구매, 판매까지 공식화하는 vertical market network 등이 있다.

스노우(Snow, 1993)등은 1970년대 이후 등장하고 있는 네트워크의 단계에 따라 조직을 내부형, 안정형, 동태형 등으로 구분한다. 내부형 네트워크 internal networks 란 가장 보수적인 형태의 네트워크이다. 한 공장에서 제조와 공급, 포장, 배분, 마케팅 등 일련의 활동을 수행한다. 내부형 네트워크 조직은 수요가 예측가능하고, 생산범위가 한정되어 있으며, 생산은 안정적이고 정해진 순서에 따라 이루어진다.

안정적 네트워크 stable network란 부분적인 아웃소싱(outsourcing)이 이루어지는 형태이다. 몇 개의 회사가 연합해서 이루어지는 비즈니스 형태이다. 중심이 되는 회사(core firm)가 생산과 판매를 주관하지만, 회사들과의 관계는 계약의 형태로 이루어진다.

동태적 네트워크(dynamic networks)란 비영속적이고 경쟁적인 환경에 처한 기업이 브로커처럼 활동(acting like a chief broker)하는 형태를 말한다. 수요자들의 변

---

74) Raymond E. Miles, Charles C. Snow, Alan D. Meyer, Henry J. Coleman, Jr. "Organizational Strategy, Structure, and Process." The Academy of Management Review, Vol. 3, No. 3 (Jul., 1978), pp. 546-562 (17 pages)

화무쌍한 요구에 능동적으로 적응해야 하므로 시장은 신축성을 띠게 된다.

캠펠(Campell[75], 1999)의 웹조직(web organization)은 조정의 구심점 역할을 하는 핵심부서를 찾기 어렵고, 계층은 소멸하며, 조직의 경계가 모호해지며, 기업과 소비자 간의 구분도 불확실하게 된다고 한다. 이러한 환경에서의 조직문화와 조직인들의 관계는 조직원의 파트너쉽 또는 팀이 중요한 조직 운영 요인이고, 지식의 교환이 중요한 조직 구성원의 관계를 연결시켜주는 통로라고 한다. 주의할 점은 캠펠(Campell)은 기술만으로 웹 네트워크 형성에 충분하지 않다고 한다. 기술보다 사람들이 다른 사람과 정보를 교환하고자 하는 인식과 조직인 간의 신뢰(a significant degree of trust)가 중요한 요소라고 한다. 웹이 제대로 작동하기 위해서는 조직 구성원들에게 웹에 접근할 수 있도록 해야 한다는 것이다.

조직의 성장 단계설

조직의 규모와 성숙도를 중심으로 5단계의 조직 성장 모델을 제시한 래리 그레이너(Greiner)는 조직의 초기 단계에는 소규모 신설 조직으로서 한 개인의 창의성에 기반한다. 조직의 규모가 커지고 성숙할수록 조직 전체의 협업이 성장을 이끌어 간다고 한다. 즉 소수의 창의성, 관리, 권한위임, 조정과 협의, 협력에 의한 성장의 단계를 거친다고 보았다. 초기 조직에서 개인의 창의성, 리더의 카리스마 등 개인기가 조직 발전의 주된 요인이라면, 조직의 규모가 커지고 성장할수록 개인을 넘어선 부서와 집단 및 조직의 관리 및 협업 등 조정과 리더의 역할이 중요하게 된다.

---

75) Campell, A. 1999. Knowledge Management in the Web Enterprise, in P. Jackson (edz0, Virtual Working : Social and Organizational Dynamics, Routledge : London, pp. 21-32

중앙-지방

엘코크(Elcok, 1994)의 중앙-지방관계 분류를 보면 중앙-지방관계의 모형을 세 가지로 분류하고 있다. 첫째는 대리인모형이다. 이는 가장 기본적인 모형으로 지방정부는 중앙정부의 대리인(agent)이라고 보고 있다. 즉 중앙정부의 지시를 충실히 수행하는 것이 지방정부의 존재 목적이라고 보는 것이다. 지방자치가 활성화되지 않은 중앙집권국가에서 대리인 모형이 적용된다.

두 번째는 동반자 모형(partnership model) 모형이다. 주민 서비스 공급에 있어서 중앙정부와 지방정부는 동반자적 관계에 있다고 보는 모형이다.

세 번째 모형은 동반자 모형을 약간 수정한 지배인 모형(stewards model)모형이다. 즉 지방정부는 중앙정부로부터 어느 정도의 자율권을 가지고 지방을 관리한다고 보는 것이다.

지방공공재

지방공공재는 일반적으로 소비의 비경합성이 불완전하여 혼잡의 문제가 발생한다(분권화된 체제에 의해 공급되는 것이 효율적이다). 지방행정체제는 지방세와 지방공공서비스에 대한 지역주민의 선호도 차이가 충족될 수 있을 정도의 규모가 적정하다고 한다.

이를 충족시키기 위한 조건 또는 가정은 다음과 같다. 다수의 지역사회가 존재하고 주민은 지방정부를 선택할 수 있을 것, 완전한 정보제공, 완전한 이동 보장, 규모의 경제가 성립하지 아니할 것 즉 큰 소수의 지방정부가 존재하지 않을 것, 외부성이 존재하지 않을 것(spillover effect가 없을 것) 즉 지역사업에서 나오는 혜택은 그 지역주민들만 누릴 것(Tiebout 모형 참조).

집권과 분권

의사결정의 권한의 소재에 따라 집권과 분권으로 구분한다. 집권조직의 대표적인 사례로 군대조직을 들 수 있다. 결정의 중요도가 높을수록 집권적인 의사결정의 경향이 나타난다. 자신이 결정한 결과에 대하여 책임지기 어렵다고 생각하는 경우에는 자신이 결정하지 못하고 결재 등을 통해 상관에게 결정을 미루게 될 것이기 때문이다.

조직의 크기도 의사결정의 집권성 여부에 영향을 미친다. 중소기업의 경우 사장이 직접 결정하려고 할 것이고, 반대로 대기업의 경우는 권한을 위임하여 부서단위에서 결정하게 하는 것이 더 효율적이고 합리적일 것이다. 글로벌 기업이 있다면, 각 지사에서 자율적으로 그 상황에 적합한 의사결정을 하도록 위임하게 될 것이다.

정보화와 통신기술의 발달로 지역에 산재된 조직의 결정을 중앙에서 신속하게 처리할 수 있게 되었다. 조직의 규모, 역사, 관습, 조직인의 능력과 태도, 정보통신기술의 발달 정도 등의 변수가 의사결정의 집권화 여부에 영향을 미친다.

파킨슨의 법칙

파킨슨의 법칙(Parkinson's law)은 1955년 영국의 역사학자 겸 경영학자인 노스코트 파킨슨(Parkinson, C. N.)이 이코노미스트에 기고한 풍자적 에세이에서 유래했다. 일반적으로 관료조직의 인력과 예산 그리고 하위조직 등은 업무량과 관계없이 비대해지는 현상을 말한다. 다시 말해 업무량 증가와 공무원 수의 증가는 서로 무관하게 계속 증가함을 통계학적으로 증명한 것이다.

파킨슨의 조사결과에 의하면 1914년부터 1928년까지 영국의 해군장병과 군함 수는 줄어든 반면, 같은 기간 동안 해군부대에 근무한 행정직원 수는 오히려 2000명에서 3569명으로 증가했다. 또한 제2차 세계대전 이후 영국의 해외 식민지들이 독립하면서 식민청이 관리해야 할 지역은 감소했음에도 불구하고 직원의 수는 1935년 372명에서 1954년에는 1661명으로 늘어났다. 이 이유를 파킨슨은 다음과 같은 두 가지 법칙으로 규명했다.

첫 번째는 직원배증(部下倍增)의 법칙이다. 업무가 많기 때문이 아니라 직원을 늘림으로써 승진을 앞당기기 위해 공무원을 뽑는다.

두 번째는 업무배증(業務倍增)의 법칙이다. 직원이 늘어나게 되면 혼자 처리하던 업무를 지시, 보고, 승인, 감독 등의 파생적인 업무가 발생해 업무량이 늘어난다는 것이다.

허위(거짓)의(pseudo) 인과관계

철수가 오후 3시 성당 앞을 걸어갈 때마다 비가 내린다. 몇 번의 반복적 경험으로 철수는 다음과 같은 가설을 설정한다. Ho(귀무가설)로 매일 오후 3시에 성당 앞에는 비가 내린다는 가설을 설정했다고 가정해 보자. 가설에서 변수들 간의 인과관계는 조건이 되는 원인변수가 결과변수를 만드는 인과관계를 전제로 해야 한다. 그러나 사실은 누군가(영희)가 매일 오후 3시에 성당 탑에서 물을 뿌리기 때문이라고 한다면, 철수의 가설은 인과관계가 없고, 영희가 물을 뿌린다는 허위변수가 영향을 미치고 있는 것이다. 이처럼 사회과학에서는 허위변수 또는 혼란변수의 개입으로 인과관계를 잘못 설정하기 쉬우므로, 인과관계를 설정할 때는 잘못된 인과관계를 항상 유의해야 한다.

한계(margin)

국가 시스템의 자원배분은 시장과 정부로 나눠볼 수 있다. 시장은 수요와 공급의 가격기구(mechanism)에 의해 결정되는 균형 시장가격에 따라 시장의 수급량이 결정된다. 수요곡선은 우하향하고, 공급곡선은 우상향하는데, 수요곡선은 한계효용이 체감하는 법칙(또는 지불의도 비용, willing to payness)을, 공급곡선은 한계비용곡선을 의미한다. 경제학에서 가격은 가치와 다른 개념이며, 가격은 한계 가치로 이해하면 좋다.

크리밍

크리밍(creaming)은 기름친다는 뜻으로 일정한 개입 프로그램의 도움으로 가장 성공 가능성이 높은 사람들이 사회서비스와 프로그램을 이용하는 것을 말한다. 사회복지행정론에서 사회복지조직에서 크리밍 현상은 복지관에 협조적이고 유순한 성공 가능성이 높은 클라이언트를 선발하고 비협조적이거나 어려울 것으로 예상되는 클라이언트들을 선별적으로 모집하게 되고, 그 반대로 자원의 소모가 많고 서비스의 수요가 큰 클라이언트는 배척하게 되는 현상을 말한다.

타당성

타당성이란 측정이 목표로 하는 것을 달성했느냐 하는 정도를 나타내는 개념으로서(신뢰성이란 반복적 측정으로 동일한 측정값이 반복되면 신뢰성이 높다고 한다), 정책평가에 있어서의 타당성은 정책의 효과를 얼마나 진실에 가깝게 추출해내고 있느냐 하는 정도를 나타내는 개념이다. 그러므로 실제로 정책의 효과가 있을 때 효과가 있다고 말하고, 타당성에는 구성의 타당성, 결론의 타당성, 내적 타당성 및 외적 타당성이 있다.

구성의 타당성은 처리, 결과, 모집단 및 상황들에 대한 이론적 구성요소들이 성공적으로 조작화 된 정도를 말한다. 결론의 타당성은 만일 정책의 결과가 존재하고 이것이 제대로 조작화 되어 정책효과를 찾아낼 만큼 정밀하게 연구 설계가 된 정도를 말한다. 내적 타당성은 조작화 된 결과에 대하여 찾아낸 효과가 다른 경쟁적인 원인들에 의해서라기보다는 조작화 된 처리에 기인한 것이라고 볼 수 있는 정도를 말한다.

외적 타당성은 조작화 된 구성요소들 가운데 우리가 관찰한 효과들이 원래의 연구가설에 구체화된 것들 이외의 다른 이론적 구성요소들에까지도 일반화될 수 있는 정도를 말한다. 사회과학에서 내적타당도를 가장 위협하는 요소는 역사적 요인(사건효과)이 외부에서 발생하는 경우다. 예를 들어, 버스전용차선 제도의 시행 전·후를 측정하여 정책효과를 평가하려는 경우, 제도의 시행 전과 후 사이에 지하철이 개통되었다면, 지하철 개통의 효과가 버스전용차선 정책 외부에서 개입하여 순수한 전용정책의 효과를 측정하기 어렵게 된다데 유의해야 한다.

혼돈이론

혼돈이론은 비선형적 변화를 가정한다. 혼돈이론에 입각한 자기조직화 이론(self-organization theory)은 어떤 조직이 직면한 조직 내외의 환경적 변화는 조직의 쇠퇴를 초래하는 위협적인 요인이 아니라, 오히려 새로운 차원으로 성장(발전)하는 기회가 될 수도 있다는 관점이다.

시스템의 적응 능력이란 체제 그 자체나 환경이 시스템에 대해 불리하게 변화하였을 때 상실된 효과성의 회복을 위해 체제가 그 자체 또는 환경을 수정하는 능력을 말한다. 혼란의 증가, 통제력 감소, 자원 및 기술의 부족은 조직의 적응능력을 저하시킴으로써 조직의 불안정성을 증가시킨다. 평형으로부터 멀어진 분기점상태에서 조직의 분산구조 발생을 통한 고차원의 질서 형성 또는 재조직화로 질적으로 새로운 방식으로 변형된다는 이론이 자기조직화 이론이다. 자지 조직화 조직의 특성으로는 동요의 창조, 자율성, 자기 초월, 동적 협력성, 정보의 공유, 목적 지향성 등이다.

회귀분석

연봉= 나이변수+ 학력변수+ 직위변수, Y=c+X1+X2+X3처럼 방정식(회귀분석식)을 공부했을 것이다. Y를 종속(결과)변수라고 하고, X를 독립(원인)변수라고 한다. 통계패키지를 활용하여 연봉=0.2나이+0.4학력+0.4직위라는 회귀식을 얻게 되었다면, 연봉이라는 종속변수에 영향을 미치는 변수들을 통제(회귀식에 포함한다)한 식을 해석하게 된다. 다른 모든 조건이 일정하다면(통제된 상태에서), 나이가 한 단위 증가할 때, 연봉은 0.2(계수)만큼 증가한다고 해석한다.

훈련된 무능(trained incapacity)

산업사회의 전문화된 조직 생활에 적응한 개인은 훈련된 무능을 경험하게 된다. 전문가로서 그 분야의 지식만으로 세상을 읽으면서 세상의 복잡·다기한 모습을 이해하지 못하는 딜레마에 빠지는 현상을 말한다. 인공지능이 개발된 초창기에는 전문가시스템(expert system)으로 기계학습(machine learning)을 했으나, 챗GPT3.5 및 챗GPT4 버전에서는 GPU를 활용한 빠른 속도로 연산하는 방식으로 전환되고 있다. 즉 전문가의 좁은 시각으로는 복잡한 현대 사회 문제를 해결하는데 한계가 있다는 것이다. 행정이 해결해야 하는 행정문제도 한 분야의 전문지식만으로는 해결하기 어려운 시대가 되었다. 이제는 깊고도 넓은 다양한 지식을 통섭하여야 할 시대이다.

추밀원령(the order of council)

영국의 추밀원은 국왕과 의회의 가교역할을 하는, 과거 우리나라의 정무장관과 비슷한 역할을 한다. 추밀원에서 정하는 규칙과 규정을 추밀원령이라고 한다. 인사행정론에서 영국의 추밀원령은 실적주의를 도입하는 근거규범으로 인용이 된다. 일반적으로 한국어로는 위원회로 번역이 되고 있지만, 영어로는 구분해서 사용하는 몇 가지 개념을 알아두기로 하자. council은 정책 조언을 행하는 협의체를 말한다. commission은 특별한 업무를 수행하기 위하여 설치된 위원회 조직을, committee는 하나의 조직 내에서 작은 규모로 설치하는 위원회 조직을 각각 의미한다. 한국어로는 위원회로 번역되지만, 각각 다른 의미를 담고 있다는 데 유의하자.

파생적(derived) 외부효과(externality)

시장실패를 치유하기 위하여 정부가 개입하는 정책이 오히려 시장 실패를 더 심화시킬 수도 있다는 경제학의 통화론자들이 있다. 프리드먼(M.Friedman)은 경기가 침체기에 들어서면 정부가 그 침체 상태를 인지하는 데 시차(time lag)가 존재하므로, 실제 침체기가 아주 심화된 상태에서 정부는 이를 인식하고 경기 부양책을 쓰게 된다. 정부 정책이 시차 및 시기를 놓치는 이유로는 국회와 정부 간의 협의 등 제도적인 절차를 거치는 과정에서 상당한 시간이 걸리기 때문이다. 프리드먼은 경제가 지닌 자율회복기능에 주목하고 있다. 경제가 침체기에 들어서면 수요량이 줄어들고 생산물의 재고가 증가하게 된다. 이에 생산자는 생산량을 줄이게 된다. 생산량이 적정 수준 이하로 줄어들게 되면 생산물의 희소성이 증가하여 그 가격이 상승하는 경제회복기로 전환된다는 것이다. 문제는 경제가 자율적으로 회복할 시점이 되어서야 정부는 경기부양책을 쓰게 되어 경제의 인플레이션을 더 가속화하게 된다는 것이다. 경제학자 중에서 통화론자들은 정부의 재량(재정·금융)정책을 불신하면서, 안정적인 통화량 공급 정책과 정부 정책의 신뢰를 높이는 방향으로 가능하면 시장에 정부가 개입하지 말 것을 주문한다. 민간 시장 경제의 자율적인 치유능력(보이지 않는 손)을 믿고 정부의 비효율성을 지적하는 입장이다.

행정

행정은 크게 3가지로 정의해 볼 수 있다. 규범적으로 행정을 정의하는 행정법학, 행정현상을 기술, 설명하는 행정학으로 구분할 수 있다. 행정학은 공공프로그램의 관리를 속성으로 보는 관리과학적 접근법과 가치의 권위적 배분, 즉 정치와 행정의 상관성을 중요시하는 정치행정의 접근방법으로 크게 구분해 볼 수 있다. 관리과학적 접근법은 행정과 경영의 유사성을 강조하는 입장인데, 행정은 경영에 비해 목표가 모호하며(기업 경영은 이윤극대화를 가정), 의사결정자가 다원적이고(기업의 결정은 소유자 또는 경영자가 명확하게 존재), 공공행정은 투명해야 한다(언론이나 여론에 노출)는 것이다.

현대행정은 정치적인 의제에 관하여도 관심을 가져야 한다. 즉 개별 국가의 행정은 전 지구적으로 진행되는 문제와 연동된다는 특징을 가진다. 브라질의 밀림지역 파괴나 아프리카의 빈곤 또는 중동의 전쟁 등 세계적인 이슈들이 한 국가와 지역 행정에 직접적으로 영향을 주고받는 시대가 되었다. 지구촌 또는 지구화된 환경에서 국가의 영역을 넘어서는 거버넌스에 관심을 가져야 한다.

카츠(Robert Katz, 1974)는 행정인은 개념적 기술, 기능적 기술, 인간적 기술을 가져야 한다고 제안하고 있다. 조직의 관리자는 조직을 전체적으로 조망하면서 추상적인 개념을 발굴하고 적용하는 능력을 가져야 한다(개념적 기술)고 보았다. 또한 과업을 성공적으로 수행하기 위하여 과업을 충분히 이해하는 능력, 처리 과정과 방법을 숙지(기능적 기술)하여야 한다. 조직 내의 사람들과 동행하도록 리더십 능력을 행사할 수 있어야 한다(인간적 기술)는 것이다. 행정 조직 계층에 따라 요구되는 사람의 자질도 달라진다. 창구에서 민원인을 직접 대면하는 공무원은 의사소통 능력, 인간관계의 감수성, 업무를 효과적으로 수행하는 데 필요한 기술적 능력 등을 리더십과 융통성 등 행동들과 조화되어야 한다. 중간 관리층은 넓은 시야에서 조직 내외의 환경에 대하여 전략적으로 분석할 수 있어야 한다. 최고 관리자(Senior Executive Service)는 변화를 주도하는 능력, 리더십, 결과 지향적 사고, 최고경영자의 태도로 갈등을 조정하고 통합하는 능력 등을 갖추어야 한다. 공조직은 근무경력이 많은 직원을 내부 승진시키는 관행이 있다. 창구직원으로서 높은 성과를 낸 직원을 중간관리자로 승진하는 것이 바람직한지, 아니면 외부에서 적합한 사람을 개방형으로 충원하는 것이 바람직한지에 관한 논의가 있다. 창구의 민원 업무 성과가 높은 직원이 승진해서 관리자의 역할을 잘 수행할 것이라는 가정은 조직의 과업과 성격에 따라 달라질 수 있다는 데 유의해야 한다. 행정학을 전공하는 학생이라면 공직을 준비하거나, 관리와 경영 기법을 학습하고, 정부와 기업 또는 시민과의 관계 등에 관심을 가지고 공부할 것이다.

형식적 의미의 행정(주체로서의 행정기관)은 준입법적 기능과 준사법적 기능을 수행한다. 법률에 위임을 받아 시행령(대통령령)과 시행규칙(부령) 및 각종 규칙을 만드는 기능을 준입법적 기능이라고 하고, 행정심판법에 따라 행정청이 재결을 하는 기능은 사법적 판단으로 준사법적 기능에 해당한다. 국회(입법부)도 실질적인 측면에서의 행정기능을 수행하고 있는데, 국회사무처 등 입법지원기관이 그 기능을 수행하고 있다. 대륙법의 영향을 받은 우리나라는 행정공무원을 행정관청의 보조기관의 업무를 수행하는 존재로 간주한다. 행정관청 또는 위원회의 위원이 결정 권한을 가지고, 행정공무원은 그 보조기관으로서 의사결정을 지원하는 존재로 정의하고 있다. 공무원이 회의장을 정리하는 등 보조업무에 시간과 노력을 투입하게 되어 중요한 정책 문제를 숙의하지 못하는 경향이 있다. 행정문제가 복잡·다양화되면서 중앙행정기관의 공무원이 예산과 권한을 직접 행사하지 않고 산하기관이나 관련 유관단체에 위임 또는 위탁하여 처리하는 사례가 증가하고 있다. 이는 행정의 책임성 확보에도 방해가 되는 요인으로 작용하고 있으므로, 위원이든 공무원이든 자신에게 주어진 역할을 의지하지 않고 자주적으로 연구하여 처리하는 관행이 정착되어야 할 것이다.

행정개혁

행정은 한마디로 문제해결을 위한 분과 학문이라고 정의할 수 있다. 행정이 직면하고 해결해야 하는 문제는 시대와 장소에 따라 다르고, 변한다. 즉 어느 한 문제에 대한 절대적인 해결 방법이 존재하는 것이 아니라는 데 문제해결의 어려움과 복잡성이 있다. 문제란 목표와 현실과의 차이(gap)라고 정의할 수 있다. 달성하고자 하는 목표와 목적이 달라지고, 현실을 인식하는 간극이 존재한다면 문제는 사람마다 서로 다르게 정의하게 되어 상대적이라는 특성을 가진다. 행정은 공익 또는 공동체의 문제를 해결하는 것을 목적으로 하므로 행정이 문제를 정의하고, 그 해결방안을 적용하는 데 갈등 상황이 늘 존재하게 된다. 깨끗하게 정리한 놋그릇도 가만히 두면 녹이 자라기 시작한다. 끊임없이 닦아 관리해야 그 본래의 모습을 유지할 수 있는 것이다. 마찬가지로 행정 본연의 존재의 근거와 정당성을 지속적으로 받아 국민의 지지를 받기 위해 늘 효율적인 문제해결의 장치(apparatus)로 작동해야 한다. 시대의 변화에 따라 해결해야 하는 문제도 변하고 행정도 시대적 변화에 맞춰 혁신해야만 한다.

행정의 변화와 혁신은 행정조직의 구조 변화, 행정인의 의식과 기술 변화, 자원과 정보 조달과 배분 등을 규율하는 문화와 제도의 변화 등의 차원으로 나눠서 접근할 수 있다. 절대군주시대의 중앙집권적인 행정조직은 현대사회에서 팀 조직 또는 네트워크 등 분권조직으로 변화하고 있다. 군주를 모시는 관료집단이 이제는 국민과 시민의 요구를 민주적으로 정책에 반영하는 것으로 그 직업윤리가 변화되었다.

이처럼 행정개혁과 변화를 성공적으로 이끄는 데는 무대에 따라 그에 적합한 역할을 행하는 배우처럼 상황과 환경의 변화와 흐름을 읽어내는 지혜를 갖춰야 한다.

행정조직

대통령은 행정부의 수반이다. 즉 행정조직은 대통령과 대통령을 직접 지원하는 대통령실, 중앙행정기관을 중심으로 하는 내각의 집행기구들, 각종 독립규제위원회 등 행정위원회 조직들, 입법부와 사법부의 행정을 지원하는 조직들(국회사무처, 법원행정처 등)로 구분할 수 있다. 대통령제 국가에서-미국의 역사적 사례를 참고하면-중앙행정기관의 장의 권한보다도 대통령실의 권한이 상대적으로 더 강해지는 경향이 있다. 대의민주주의 정치체제에서 행정부 수반으로서의 대통령은 국민이 투표로 선출하는 민주적 정당성을 획득하고 정책 추진에 대하여 국민에게 직접적인 정치적 책임을 지는 데 반해 중앙행정기관의 장은 임명직 공무원으로서 대통령을 통한 2차적인 책임에 그치기 때문이다. 지방자치의 발달하면서 지역 주민의 행정 참여 및 공공서비스의 요구 등과 관련하여 지방자치단체(지방자치단체 장 및 지방의회)의 역할과 기능이 재조명받고 있다.

현대적 조직이론

전통적으로 조직의 탄생은 노동의 분업과 밀접한 관련이 있다. 특정 분야의 업무를 반복적으로 수행하면 기능이 축적·숙련되어 생산성이 높아진다는 것이다. 생산성이 높다는 것은 동일한 노력과 시간을 투입하고 산출되는 양이 많아진다는 의미이다. 노동분업, 전문화, 생산성, 규모의 경제, 인간의 합리성 가정, 과학적 관리(테일러주의), 포드주의 등의 개념이 고전적 조직이론의 범주에 포함된다.

고전적 조직이론에서의 인간관은 피동적이고 수동적이다. 조직의 설계자는 개인을 조직의 부품으로 인식하고 각자가 할 일들을 명확하게 정의해주면 개인은 그 일을 정확하게 수행할 것이라고 가정한다.

신고전적 조직이론은 사람은 자율성을 가지고 동료들과 인간적인 유대관계를 형성할 때 생산성이 더 높아진다는 데 주목한다. 조직인은 임금(고전적 조직이론)이외에도 인정 등 인간적인 유대관계를 맺는 데서 인간의 사회적 욕구가 충족되면서 조직의 생산성이 높아진다고 보았다.

고전적 조직이론과 신고전적 조직이론은 조직의 생산성을 높이기 위해 조직 내의 사람을 어떻게 동기 부여할 것인가에 관심을 두고, 조직과 환경과의 관계는 관심을 두지 않았다는 공통점이 있다.

현대적 조직이론은 복잡성을 특징으로 한다. 조직은 진공상태에 존재하는 것이 아니라, 환경에 적응하고 때로는 환경을 변화시켜야 한다. 팀제, 사업부제도, 매트릭스, 네트워크 등의 다양한 형태의 조직이 탄생하는 것도 환경과의 관계 설정에 따른 것이다. 현대적 조직이론이 복잡성을 띠게 된 이유는 경제학의 접근방법을 조직 연구에 도입한 것과 관련이 깊다.

전통 경제학이 완전정보, 완전경쟁, 합리적 인간, 파레토최적의 자원배분 등을 가정하고 설명했다면, 현대의 조직경제학자들은 전통 경제학이 전제하는 가정이 충족되지 않을 때의 경제현상으로 조직을 설명하기 시작했다. 이상적으로 가격기구가 100% 작동하는 시장에서 조직은 탄생하지 않는다. 시장의 거래만 존재할 것이다. 가격기구가 효율적으로 작동한다면 분업도 혼자서 하고 다른 사람과 교환과 거래(거래비용도 0)만 하면 된다. 반대로 가격기구가 100% 작동하지 않는다면(0% 작동), 그 사회는 전체주의 사회로 거대한 조직사회가 된다. 가격파라미터보다 계약과 관습, 상징, 사회규범, 통제와 협력을 통해 일정한 목적을 달성하려는 조직이 시장을 대체하게 될 것이다.

시장과 조직의 양 극단의 스펙트럼을 두고 시장과 조직의 양상을 분류해보면, 완전경쟁시장, '현실'시장, 장기계약, 하이브리드형 조직, 프랜차이즈, 분권화된 조직, 중앙집권적 조직의 순으로 시장에서 조직화의 정도에 따라 구분할 수 있다. 예를 들어 정유회사에서 원유를 수입하여 정제하여 판매한다고 가정해 보자. 원유수입업자, 정제업자, 판매업자 각각이 시장에서 거래를 통해서 자원배분을 할 수도 있다. 만약 각각의 업자들이 시장 거래를 하는 데 있어서 완전정보, 완전경쟁 등 시장의 전제조건을 충족하지 못해 거래비용이 발생하여 시장에서 비효율이 발생하게 된다면 원유수입과 정제 및 판매를 하나의 조직이 담당하는 방법으로 그 비용을 흡수하는 전략을 활용하게 된다. 이 과정에서 조직이 등장하게 된다는 것이다. 즉 조직은 시장의 자율교환과 거래를 권위와 명령 및 통제로 대체하여 조직 내의 개별 활동을 조정하고 동시화(synchronization)하려는 것이다. 조직경제학은 조직과 관련한 계약, 협동, 재량, 주인-대리인, 동기부여, 권력, 권한, 영향력, 권위(권력+정당성), 분권화, 정보와 지식, 숨겨진 정보, 참여, 신뢰, 사회자본, 문화 등의 개념에 관심을 둔다.

추천 자료

Charles Wolf, JR. · 전상경 번역. 시장과 정부. 서울: 교문사. 1991.

Charles Wolf, Jr. "A Theory of Nonmarket Failure: Framework for Implementation Analysis." The Journal of Law & Economics, Vol. 22, No. 1 (Apr., 1979), pp. 107-139 (33 pages).

Campell, A. Knowledge Management in the Web Enterprise, in P. Jackson (edz0, Virtual Working : Social and Organizational Dynamics, Routledge : London, 1999.

Elinor Ostrom. Understanding institutional diversity. Princeton, : Princeton University Press, 2005.

Friedman, Milton& Rose. Free to Choose: A Personal Statement, A Harvest Book. 1990.

James M. Buchanan· Goren Tullock. *The calulus of consent, logical foundation of constitutional democracy.* Ann Arbor: University of Michigan Press. 1962

Janet V. Denhardt and Robert B. Denhardt. The New Public Service. Routledge. New York and London. 2015.

Max Weber. The Protestant Ethic and the Spirit of Capitalism. 1905 translated into English for the first time by American sociologist Talcott Parsons in 1930.

Savas, E. S. *Privatization: The Key to Better Government, Chatham,* New Jersey: Chdatham House Publishers. Inc. 1987.

Vogler, David J. *The Politics of Congress, 3rd ed.* Boston: Allyn and Bacon Inc. 1980.

Woodrow Wilson. 1887. "The Study of Administration." Political Science Quarterly, Vol. 2, No. 2 (Jun., 1887), pp. 197-222 (26 pages).

저자

이승재
신한대학교 행정학과 부교수

경력

국가교육위원회 위원(비상임, 2022. 9. 27.-2025. 9. 26.)
제12회 입법고시 합격(국회사무처, 1994)

행정이 인문을 만나다

초판 1쇄 발행 2024년 03월 25일
지은이_ 이승재
펴낸이_ 김동명
펴낸곳_ 도서출판 창조와 지식
인쇄처_ (주)북모아

출판등록번호_ 제2018-000027호
주소_ 서울특별시 강북구 덕릉로 144
전화_ 1644-1814
팩스_ 02-2275-8577

ISBN 979-11-6003-712-8

정가 14,000원